Gisela Otto, Angelika Peinhardt, Dr. Hannelore Poethe

Deutsch in Wirtschaft und Verwaltung

Lösungen

3. Auflage

Bestellnummer 7364

Bildungsverlag EINS
a Wolters Kluwer business

www.bildungsverlag1.de

Bildungsverlag EINS
Sieglarer Straße 2, 53842 Troisdorf

ISBN 978-3-8237-**7364**-1

Seite 5

A Was man über Sprache und sprachliche Kommunikation wissen sollte

1 Welche Faktoren sind in der sprachlichen Kommunikation zu beachten?

Aufgabe 1:

individuelle Lösung

Aufgabe 2:

unterschiedliches Alter, Geschlecht, schulische und berufliche Bildung, Bildungsweg, Interessen

Aufgabe 3:

Beruf, Hobbys, Interessen, Bildung, Erfahrungen

Aufgabe 4:

Tätigkeitssituation (in welchen übergeordneten Tätigkeitszusammenhängen kommuniziert wird, z. B. bei praktischer oder geistiger Arbeit); soziale Situation (mit wem, in welchen Rollen, sozialen Beziehungen); Umgebungssituation (wann und wo, in direktem oder indirektem Kontakt)

Aufgabe 5:

individuelle Lösung

Aufgabe 6:

akustische Übertragung durch Schallwellen zeitlich und räumlich begrenzt (außer bei Aufzeichnungen), Inhalte beim Hören sofort aufzunehmen; optische Übertragung durch Schriftzeichen räumlich und zeitlich unabhängig, Möglichkeit des wiederholten Lesens bei Verstehensproblemen; bei elektronischer Übertragung schnelle Rückkopplung möglich (E-Mail, Chatten); bei SMS-Kommunikation durch begrenzten Umfang Zwang zur Kürze; sogenannte Emoticons signalisieren Gefühle und geben Hinweise zum Verstehen des Gemeinten.

Aufgabe 7:

Bei direkter Kommunikation durch Blickkontakt, Gestik, Mimik, Stimme, Lautstärke u. a. hoher Anteil von nichtsprachlichen bzw. sprachbegleitenden Mitteln (können Sprache z. T. ersetzen), auch Empfänger kann Verstehensprobleme, Zweifel, Zustimmung usw. durch nichtsprachliches Verhalten signalisieren; bei indirekter Kommunikation muss das ersetzt werden durch sprachliche Mittel (Vergewisserungsfragen, Wiederholungen, eingeschobene „Hm, ja" usw.).

Seite 6

Aufgabe 8:

1. Kommunikationspartner können über unterschiedliches sprachliches Vermögen und Sachwissen verfügen, unterschiedliche berufliche Tätigkeit ausüben, unterschiedliche Interessen, Herkunft, Bildung, Erfahrungen und Erwartungen haben.
2. Sprachliches Wissen (Wortschatzkenntnisse und Wissen über Verknüpfung von Wörtern zu Sätzen und Texten, d. h. über grammatische Regularitäten); Sach-/Welt-/enzyklopädisches Wissen (allgemein über die Welt, in der man lebt; über den behandelten Sachverhalt, über Zusammenhänge, Ursachen usw.); sogenanntes Interaktionswissen (über allgemeine kommunikative Normen; Wissen darüber, mit welcher Art von Text in einer bestimmten Situation einem oder mehreren Partnern am wirkungsvollsten eine bestimmte Kommunikationsabsicht übermittelt wird; Wissen über Textmuster, z. B. Lebenslauf, Bewerbung, Antrag, Nachricht; Textaufbau)

2 Kommunikative Kompetenz als wichtiger Teil der sozialen Kompetenz

Aufgabe 1:

individuelle Lösung

Aufgabe 2:

individuelle Lösung

Aufgabe 3:

mobben: Arbeitskolleg(inn)en ständig schikanieren mit der Absicht, sie von ihrem Arbeitsplatz zu vertreiben;
Mobbing: entsprechende Verhaltens-, Handlungsweise
(ansonsten mündlich, individuelle Lösung)

Aufgabe 4:

individuelle Lösung

3 Sprachvarianten

Seite 7

Aufgabe 1:

Erläuterungen, Erklärungen (z. B. zu Arbeitsweise und Funktion), Umschreibungen, bildhafte Vergleiche, deutsche Entsprechungen zu fremdsprachigen Fachwörtern

Aufgabe 2:

individuelle Lösung

Aufgabe 3:

individuelle Lösung

Seite 8

Aufgabe 4:

	Dialekt	Jugendsprache	Fachsprache	Standardsprache
Sprecher	regional gebunden (v. a. mittlere und ältere Generation)	Kinder und Jugendliche	Wissenschaftler, Fachleute	alle Alters- und Berufsgruppen
Situation	inoffizielle, familiäre Situationen, im Alltag, z. T. am Arbeitsplatz	Pausengespräche, Alltag, Freizeit	wissenschaftlicher Diskurs, Fachgespräche, berufliche Situationen	in allen Situationen
überwiegende Kommunikationsform	mündlich	mündlich, bei elektronischer Kommunikation auch schriftlich (Chatten, SMS)	schriftlich und mündlich	schriftlich und mündlich (in offiziellen Situationen)
Verbreitung	regional begrenzt	überregional	überregional	überregional
Einschränkung des Gebrauchs	stark eingeschränkt	eingeschränkt	eingeschränkt	nicht eingeschränkt

4 Informationen aufnehmen und verarbeiten

Seite 9

Aufgabe 1:

- 1901 auf einer „Orthographischen Konferenz" in Berlin
- Verbesserung und Vereinfachung der Regeln
- Nach Beschluss der Kultusministerkonferenz 1955 als vorläufige Entscheidung bis zu einer dringend anzustrebenden Reform
- Für den amtlichen Bereich: Schulen und Behörden
- Mit jeder neuen Auflage des Dudens kamen neue Regeln und Ausnahmen hinzu
- Formulierung neuer, einfacherer Regeln für die Rechtschreibung
- Der Internationale Arbeitskreis für Orthographie, entstanden aus vier Arbeitsgruppen in Deutschland, Österreich und der Schweiz
- Kleinschreibung der Substantive; Änderungen, die das gewohnte Schriftbild recht stark verändert hätten
- Am 1. Juli 1996 in Wien

Aufgabe 2:

Überblick über die Geschichte des Computers

1275	erster Versuch für den Entwurf einer Maschine, die geistige Tätigkeiten des Menschen ausführen sollte (durch den katalanischen Philosophen und Theologen R. Lullus)
17. Jh.	Bau der ersten Maschinen, die mechanisch rechnen konnten (nur für die vier Grundrechenarten)
19. Jh.	erster Entwurf eines ausbaufähigen Konzepts als Grundlage für die heutigen Computer durch Ch. Babbage
1822	Entwicklung der „Differenzmaschine" (Errechnung mathematischer Tabellen); später„Analytische Maschine" (bereits primitive Programmsteuerung)
Ende 19. Jh./ Anf. 20. Jh.	Schaffung der Grundlagen für Periphergeräte
1866	Erfindung der Schreibmaschine
1900	Erfindung des Lochstreifens
ab 1910	Erfindung von Geräten zur automatischen Bearbeitung

ab 1932	fast gleichzeitige Entwicklung programmgesteuerter Rechenanlagen durch K. Zuse, L. Couffignal, H. Aiken, G. Stiebitz (basierend auf Relaistechnik)
1943-1946	Entwicklung einer mit 18 000 Röhren ausgestatteten Rekonstruktion eines Relaisrechners an der Pennsylvania Universität
Folgejahre	grundlegende Änderungen im Aufbau des Computers durch Überlegungen des Mathematikers von Neumann über datengesteuerte Programme
1948	durch Erfindung des Transistors entscheidende Verringerung der Größe des Computers (zweite Computer-Generation)
Folgejahre	rasanter Fortschritt durch Übemahme der Entwicklung und Herstellung der Geräte durch US-Firmen
1965-1972	Übergang zur dritten Computer-Generation durch weitere Verkleinerung der Maschinen mittels integrierter Schaltkreise
ab 1972	Vierte Computer-Generation: durch Einsatz hochintegrierter Schaltkreise Entwicklung leistungsfähiger Mikrocomputer, Integration der Telekommunikationstechnik in die Computertechnik, zunehmende Verbreitung der Rechnernetze
ab 1990	Fünfte Computer-Generation: Einbeziehung von Erkenntnissen und Methoden auf dem Gebiet der Künstlichen Intelligenz, der Bildverarbeitung und der natürlichsprachigen Bedienoberflächen; wichtigste Unterschiede zu früheren Generationen: Technologie, höhere Speicherkapazität, höhere technische Zuverlässigkeit, größere Rechengeschwindigkeit und geringerer Platzbedarf

Seite 10

B Texte erschließen, analysieren und gestalten

1 Merkmale von Texten

Aufgabe 1:

Mittel zum Ausdruck des inhaltlichen Zusammenhangs: wörtliche Wiederholungen *(Führungskräfte, Umweltschutz, ökologisch)*, Wörter mit gemeinsamen Bedeutungsmerkmalen *(Führungskräfte, Spitzenmanager, Firmenchefs; Umfrage, Meinungsumfrage, befragt; Umweltschutz, ökologische Maßstäbe, ökologisch orientiert)*, Begriffe aus dem übergreifenden Bereich Wirtschaft *(Arbeitsplätze, Steuer- und Abgabenbelastung, Privatwirtschaft, Herstellung ihrer Produkte, Steuersystem, Lohnnebenkosten)*

Mittel zur Herstellung grammatischer Bezeichnungen zwischen den Sätzen: Satzanfänge knüpfen an vorhergehende Sätze an *(Für 52 Prozent …, Das ergab …, Für 56 Prozent … Zwei Drittel)*, Pronomen *(Das, ihrer)*, Konjunktionen *(wenn)*, Tempusformen (überwiegend Präsens)

2 Funktionalstile

Seite 11

Aufgabe 1:

Text	Funktionalstil	typische Stilmerkmale	typische sprachliche Mittel
Lohnsteuer-tipps Zweck der Erhebung	institutioneller Verkehr	offizieller Charakter, unpersönlich, verallgemeinernd	substantivische Ausdrucksweise, zusammenfassende Oberbegriffe, standardisierte Formulierungen, Passiv/ Passivumschreibungen
persönlicher Brief	Alltagsverkehr	locker, ungezwungen, persönlich	persönliche Anrede, emotionaler Wortschatz, bildhafte Ausdrücke, Füllwörter
Zeitungs-nachricht	Presse und Publizistik	aktuell informierend, authentisch, allgemeinverständlich, sachlich und objektiv	konkrete Personen-, Orts- und Zeitangaben, Angabe der Quelle, indirekte Rede (Konjunktiv I), knappe, informative Überschrift
Lexikonartikel	Wissenschaft	sachlich, fachgebunden, eindeutig, abstrakt, logisch, unpersönlich	Fachwörter, Abkürzungen, unpersönliche Formulierungen, Mittel zum Ausdruck logischer Beziehungen

3 Funktionen von Texten

Seite 12

Aufgabe 1:

Text bzw. Textausschnitt	Textfunktion	sprachliche Gestaltung
Rezension „Tatort“	kommentierend	subjektiv wertend *(total, ohne Zweifel, sehenswert, hätte gut getan, hervorragend, spannend, schlüssig, hohem Niveau, fantasievoll, Anleihen, Gelingen)*

Text bzw. Textausschnitt	Textfunktion	sprachliche Gestaltung
Auszug aus den Allgemeinen Versicherungsbedingungen einer Versicherung	normierend	nominale Ausdrucksweise *(Annahme, Aushändigung)*, nominaler Rahmen *(vor dem im Versicherungsschein angegebenen Beginn der Versicherung)*, Fachbegriffe *(Versicherungsschutz, Einlösungsbeitrag, Versicherungsschein)*, deutliche Gliederung *(§ 7)*
Packungsbeilage „ferro sanol“	appellierend	Höflichkeitsformen *(bitte, Sie, Ihnen, gute Besserung!)*, Mittel der Aufforderung *(nehmen Sie, Empfehlungen, beenden Sie nicht vorzeitig, einnehmen können)*
Zeitungsnachricht	sachlich informierend	knappe, informative Überschrift, Quellenangabe, W-Fragen des Lesers werden sachlich beantwortet *(wer, was, wann, wo, wie, warum)*
Kartengruß	Kontakt herstellend	persönliche Anrede und Grußformel, emotional gefärbter Wortschatz
Gedicht	poetisch, ästhetisch	bildhaft, emotional, expressive Wortbildungen *(Computer-Kuddelmuddel, kahlt, Blechlack-Kutsche)*, umgangssprachliche Formen *(verbissn, fürn, fürs, nix los)*, von Normalsprache abweichender Satzbau, ungewohnte Verknüpfungen *(zwischen Migränen und verbissnen Ambitionen)*, Endreim, Stabreim *(Kopfhaut kahlt, Politisches und Putsche)*

Seite 13

Aufgabe 2:

Zeitungskommentar, Vertrag, Bericht, Kondolenzschreiben, Gebrauchsanweisung, Mitteilung, Kurzvortrag, Glückwunschkarte, Gesetz, Durchführungsbestimmung, Rezension, Werbeanzeige, Protokoll, Kontaktanzeige, Anfrage, Leitartikel, Nachricht, Leserbrief, Packungsbeilage, Geschäftsordnung, Kochrezept

Informierende Texte	**Kommentierende Texte**	**Appellierende Texte**	**Normierende Texte**	**Kontaktive Texte**
Bericht	Zeitungs-kommentar	Gebrauchs-anweisung	Vertrag	Kondolenz-schreiben
Mitteilung	Rezension	Werbeanzeige	Gesetz	Glückwunsch-karte
Kurzvortrag	Leitartikel	Kontaktanzeige	Durchführungs-bestimmung	persönlicher Brief
Protokoll	Leserbrief	Anfrage	Geschäfts-ordnung	
Nachricht	Glosse	Packungs-beilage	Hausordnung	Urlaubskarte
Bekannt-machung		Kochrezept		SMS
E-Mail	Anmerkung	Einladung	allgemeine Geschäfts-bedingungen	
Rundschreiben		Aufruf		

Aufgabe 3:

- **dominierende Textfunktion**: appellierend
- **untergeordnete Textfunktion**: informierend
- **Begründung**: Um Rezipienten zu der gewünschten Einstellung und zu entsprechenden Handlungen zu bewegen (appellierend), wird über die Arbeit der DLRG sachlich informiert.

Aufgabe 4:

(mündlich oder schriftlich auf gesondertem Blatt)
Mit persönlichen Gesprächen im Alltag (Wartezimmer, Bahn, Haltestelle) oder durch Schreiben zu bestimmten, besonderen (freudigen oder traurigen) Anlässen lassen sich gegenüber Mitmenschen Interesse, Aufmerksamkeit, Anteilnahme, Bemühen um Herstellung oder Aufrechterhaltung persönlicher Beziehungen signalisieren, auch entsprechende Reaktionen, Haltungen, Stimmungen von anderen erfahren. Hilfe und Entlastung in psychisch belastenden Situationen ist mit Hilfe persönlicher Gespräche möglich.

4 Textsorten

Seite 14

Aufgabe 1:

individuelle Lösung

Aufgabe 2:

individuelle Lösung

Seite 15

Aufgabe 3:

Anliegen: Festlegungen über einheitliches Anwenden von Schriftzeichen bei Schreibmaschinen und Textverarbeitungssystemen sollen dazu beitragen, die Texteingabe zu erleichtern, Schreibarbeit einzusparen, eine Verarbeitung der Informationen zu ermöglichen und die Datenübertragung zwischen unterschiedlichen Geräten zu sichern, Schriftstücke zweckmäßig und übersichtlich zu gestalten.

Inhalt: Schreib- und Gestaltungsregeln für die Textverarbeitung (Wörter, Zwischenräume, Satzzeichen, Zahlengliederungen und -aufstellungen, Gliederung und Kennzeichnung von Texten, Hervorhebungen, Beschriften von Briefblättern, Gestaltung von E-Mails, Fußnoten, Briefhüllen, Korrekturen u. a.)

Beispiele für formale Gestaltungspunkte: Grußformel (vom Text durch Leerzeile abgesetzt, am Zeilenanfang); Anlagen (Mindestabstand vom Gruß, Möglichkeit der Hervorhebung); Betreff und Teilbetreff (als stichwortartige Inhaltsangaben; Anordnung, Interpunktion, Möglichkeit der Hervorhebung); Gestaltung des Anschriftfeldes (keine Hervorhebungen); Auslandsanschriften; Bezugszeichen, Name, Durchwahlmöglichkeit und Datum (Anordnung unter vorgedruckten Leitwörtern der Bezugszeichenzeile oder in einem Informationsblock; Möglichkeit zusätzlicher Kommunikationsangaben)

Neu gegenüber den Fassungen von 1996 und 2001: neue Rechtschreibung, Euro-Zeichen, Gestaltung von E-Mails, Vereinfachungen und Aktualisierungen der Zahlengliederungen, weitere Anwendungsbeispiele; Neugliederung des Anschriftfeldes, Aktualisierung der Musteranschriften

5 Sachtexte und literarische Texte

Seite 16

Aufgabe 1:

	Text 1	Text 2
Textart (Sachtext oder literarischer Text)	Sachtext	literarischer Text
Textsorte bzw. Gattung/Genre	Lexikonartikel	autobiografischer Roman (Auszug)
Autor	Sachbuchautor (Publizist oder Historiker)	Schriftsteller
Anliegen des Autors	sachlich und knapp über ein historisches Ereignis zu informieren	aus subjektiver Sicht das Geschehen, die Gefühle, die Stimmung an diesem historischen Tag wiederzugeben
Realitätsbezug	authentisches historisches Ereignis	zwar dasselbe authentische historische Ereignis, aber gebrochen durch die Sicht des Erzählers
Sprachliche Gestaltung	konkrete Angaben zu den Handelnden, zu Zeit, Ort, Handlungen, Motiven, Folgen; sachliches Berichten; textsortentypische Kürze durch abgekürzte Wörter, z. T. Wortgruppen statt vollständiger Sätze; nominale Ausdrucksweise *(mit Billigung)*, verdichtete Sprache *(den bis dahin funktionierenden Verkehr)*	breite Schilderung des Geschehens aus persönlicher Sicht, im Vordergrund persönliche Gefühle, Wünsche, Hoffnungen, Stimmungen durch Verben, Substantive und Wendungen mit entsprechender Bedeutung *(empfinden, sehen, wollte gehören, hoffte, rechnete, Trauer, Wut Verzweiflung, Bangen, Erwartete, Albtraum, Jubel, Gewissen, Aufbegehen, Aufgeregtheit, Angst, für möglich Gehaltene, schlechtes Gewissen, mit eigenen Augen)*; wertende Adjektive und Adverbien *(gewaltsam, normal, wenigstens, schlecht, spontan, kraftmeiernd, frei)*

6 Mündliche und schriftliche Kommunikation

Aufgabe 1:

Schriftliche Kommunikation	Mündliche Kommunikation
• Verbreitung über beliebige räumliche und zeitliche Grenzen hinweg; dauerhaft bewahrbar	• ohne technische Hilfsmittel keine Verbreitung über beliebige räumliche und zeitliche Grenzen hinweg möglich, auch nicht dauerhaft bewahrbar
• indirekter Kontakt, nicht gleichzeitige Anwesenheit der Partner nötig	• vorwiegend direkter Kontakt, gleichzeitige Anwesenheit; indirekt nur mit technischen Hilfsmitteln (Telefon, Aufzeichnungen, Medien)
• keine Möglichkeit der unmittelbaren Rückkopplung; bei elektronischer Kommunikation schnelle Rückkopplung möglich	• bei direktem Kontakt i. d. R. auch Möglichkeit der Rückkopplung, bei indirektem nur bedingt
• höhere Anforderungen an die sprachliche Gestaltung hinsichtlich Eindeutigkeit, Verständlichkeit, Überschaubarkeit, Vollständigkeit und grammatischer Korrektheit	• je nach Situation und Textsorte (persönliches Gespräch, Vortrag, Rede usw.) unterschiedlich hohe Anforderungen an Eindeutigkeit, Verständlichkeit; v. a. in spontaner mündlicher Rede oft Abweichungen von grammatischen Normen (Satzbau, Wortformen, Satzabbrüche, Neuenfänge)
• Text kann bis zur endgültigen Fertigstellung korrigiert, verändert und überarbeitet werden	• einmal Gesagtes lässt sich nicht zurücknehmen, höchstens nachträglich korrigieren, präzisieren, verändern
• nichtsprachliche Mittel wie Abbildungen, Grafiken, Emoticons, Typografie, Papierart, Hand- oder Maschinenschrift u. a. können die Aussagen ergänzen bzw. zusätzliche pragmatische, emotionale oder ästhetische Informationen liefern	• nichtsprachliche Mittel wie Gestik, Mimik, Blickkontakt, Nähe bzw. Distanz zwischen den Partnern sowie sprachbegleitende Mittel wie Stimme, Lautstärke, Pausen u. a. können die sprachliche Gestaltung ergänzen, ersetzen, modifizieren, die Wirkung beeinflussen u. a.

Seite 17

Aufgabe 2:

- **Typische Erscheinungen der mündlichen Kommunikation**:
  Satzbau: eher aneinanderreihend, nebenordnend; Satzabbrüche und Neuanfänge, Satzbrüche (fehlerhaftes Fortführen einer begonnenen Satzkonstruktion); oft parallele Satzkonstruktionen bei aufeinanderfolgenden Sätzen; ungeschickte Satz- und Textverflechtung

- **Wortwahl**: Wiederholungen, Ungeschicklichkeiten im Ausdruck, gelegentlich Suche nach treffendem Wort
- **Aussprache**: eher umgangssprachlich, nicht der Norm der Standardlautung entsprechend, Auslassen von Lauten, „Verschlucken" von Endungen
- **weitere Auffälligkeiten**: häufiges Vorkommen von Partikeln wie äh, also, mal; Pausen; Versprecher (nur z. T. bemerkt und selbst korrigiert); Überschneidung der Redebeiträge verschiedener Personen

Aufgabe 3:

Mündliche Ausdrucksmittel in elektronisch übermittelten Texten:
unvollständige Sätze, Auslassungen, Zusammenziehungen bei grammatischen Formen, umgangssprachliche Wörter und Wendungen, Gesprächsfloskeln; Emoticons ersetzen die Mimik, Buchstabenverdopplungen und Großschreibung die Intonation und Lautstärke

7 Inhaltsangabe und Textinterpretation

Seite 18

Aufgabe 1:

Das inhaltlich Wesentliche des Romans wird knapp wiedergegeben, weitgehend ohne Wertung oder Interpretation.

Aufgabe 2:

individuelle Lösung

Seite 19

Aufgabe 3:

- **Inhaltsangabe**: zweiter Abschnitt:
  inhaltlich Wesentliches in der für die Autobiografie typischen Chronologie wird knapp und sachlich wiedergegeben (Angaben zu Ort und Zeit, Stationen)
- **Textinterpretation**: erster und dritter Abschnitt:
  subjektive literaturgeschichtliche und künstlerische Wertung des Romans *(literarisches Ereignis, Entwicklungsroman und Epochenpanorama, Werk von seltener Kraft, Klarheit und Anmut, auf wunderbare Weise gelassen und heiter)*; Wertung des Autors in seiner künstlerischen Leistung *(beherrscht die seltene Kunst …, Meister des Aussparens und Andeutens)* und seiner persönlichen Haltung in seiner Zeit *(skeptischer Deutscher …, nie einverstanden mit den totalitären Ideologien, macht kein Hehl daraus, nie ein Umstürzler, der sich lautstark gegen die Machthaber erhob, schwer erträgliche Gegenwart, schwärmerische Jugendlieben)*

- **Funktion eines Klappentextes**: durch Ankündigung des Inhalts Interesse am Buch wecken, Lust zum Lesen, Anreiz zum Kaufen
- **Erwartung des Lesers**: Informationen über Inhalt des Buches, ggf. über das Genre/die literarische Gattung, über den Autor, Bewertung

Aufgabe 4:

Die Empfehlung des Buchhändlers hat persönlichen Charakter; sein Geschmack, seine Leseinteressen fließen ein; der Empfehlung ist eine bewusst und aus verschiedenen Motiven heraus getroffene persönliche Auswahl und Entscheidung vorausgegangen.

Aufgabe 5:

individuelle Lösung

Seite 20

C Arbeit an Sachtexten

1 Mündliches Darstellen

1.1 Kurzvortrag

Aufgabe 1:

- Die stichpunktartig formulierten Teile des Vortrags müssen den Zuhörern angemessen und situationsgerecht in freie, zusammenhängende Rede umgesetzt werden.
- Die überwiegend nominal gefassten Stichpunkte sind zu im Verbalstil gestalteten Aussagen umzuformen.
- Komplizierte Sätze, überfüllte Satzrahmen und zu umfangreiche Attributketten sind im Interesse der Zuhörer zu vermeiden.

Aufgabe 2:

- Ankündigung des zu Erwartenden durch deutliche und übersichtliche Gliederung; vor- und rückgreifende Bezüge
- umschreibende Erläuterungen bei schwierigen Sachverhalten
- Zusammenfassungen und ggf. Wiederholungen wichtiger Aussagen
- rhetorische Fragen, Vergewisserungsfragen
- sprechsprachliche Mittel (Stimmführung, Betonung, Variieren in Sprechtempo und Lautstärke, Pausen) sowie Gestik und Mimik
- Unterstützung durch nichtsprachliche Mittel (Medien wie Overheadprojektor, Computerbeamer und Laptop, Handout, Grafiken u. a.)

Aufgabe 3:

- **zur Ankündigung eines neuen Gedankens**: *Lassen Sie mich jetzt zu einem weiteren Schwerpunkt kommen; wir wollen im Folgenden der Frage nachgehen, ...*
- **zum Abschluss eines Gedankengangs**: *Abschließend können wir feststellen: ...; Ich darf zu diesem Punkt noch einmal kurz zusammenfassen: ...*
- **zum rückgreifenden Bezug**: *Wie ich eingangs bemerkt habe; Hier greife ich einen Gedanken auf, den ich bereits zu Beginn meiner Ausführungen geäußert habe ...*
- **zum vorgreifenden Bezug**: *Darauf soll später noch ausführlicher eingegangen werden; Darauf komme ich später noch einmal zurück ...*
- **zum vor- und rückgreifenden Bezug**: *Nachdem wir das Wesentliche noch einmal kurz zusammengefasst haben, kommen wir nun zu einem weiteren Problem ...*

Seite 21

Aufgabe 4:

individuelle Lösung

1.2 Argumentation

Aufgabe 1:

individuelle Lösung, auf gesondertem Blatt

Seite 22

Aufgabe 2:

individuelle Lösung; auf gesondertem Blatt; Analyseschritte vgl. Beispiel

1.3 Präsentation

Seite 22

Aufgabe 1:

Plus	**Minus**
• Frage-Antwort-Technik	• Welcher Nutzen für den Kunden?
• roter Faden	• zu viele „Ähs“

Seite 23

Aufgabe 2:

individuelle Lösung, Konzept auf gesondertem Blatt

Aufgabe 3:

mündlich, individuelle Lösung

1.4 Öffentliche Rede

Aufgabe 1:

Wahlrede: v. a. vor politischen Wahlen auf den verschiedenen Ebenen (Bundestag, Landtag, Bürgermeister, Stadtverordnetenversammlung)
Festrede: feierliche Anlässe wie Jubiläen, Eröffnungen, Ernennungen u. a.
Preisrede: Verleihung von Preisen zur Würdigung von politischen, wissenschaftlichen, humanitären, künstlerischen u. a. Leistungen
Gedenkrede: Gedenken an ein historisches Ereignis, an eine verdiente Persönlichkeit
Dankrede: öffentlicher Dank nach Verleihung eines Preises, für besondere Bemühungen u. a.
Trauerrede: Würdigung des Lebensweges und der Leistungen der/des Verstorbenen
Gerichtsrede: Anklage, Verteidigung in einer Gerichtsverhandlung

Aufgabe 2:

allgemein: bestimmte Einstellungen bei den Hörern zu erreichen, Nachdenken, Überzeugungen, ggf. Sinneswandel
speziell: Werben für einen bestimmten Kandidaten, Beeinflussung der Entscheidung der Wähler; Würdigung eines bestimmten Ereignisses oder einer Persönlichkeit wird verbunden mit Einschätzung der gegenwärtigen Situation; Appell an Heutige, Mahnung, Analysen, Begründung, Argumentation

Aufgabe 3:

Überzeugungskraft durch sachliche und/oder emotionale Argumentation; Einbeziehen der Hörer (direkte Anreden), Herstellen von Gemeinsamkeit (z. B. durch Wahl der Pronomen, besonders *wir*; Anknüpfen an gemeinsame Erlebnisse und Erfahnungen); Allgemeinverständlichkeit; Bildhaftigkeit; Anschaulichkeit

Seite 24

Aufgabe 4:

- neues Hotel Adlon als Symbol für das neue Berlin als neue deutsche Hauptstadt und für die Gestaltung der Zukunft in ganz Deutschland
- Appell an alle Mitglieder der Gesellschaft, besonders an die Jugend, angesichts vieler Probleme nicht in Erstarrung zu verfallen, sondern sich mit Selbstvertrauen, Selbstverantwortung, Tatkraft und Optimismus den Herausforderungen der Gegenwart und der Zukunft zu stellen
- Überzeugung, dass Deutschland im 21. Jahrhundert wieder eine Spitzenposition in Wissenschaft, Technik und Wirtschaft einnehmen kann, Glaube an eine Gesellschaft, der ein Aufbruch gelingen könnte

Aufgabe 5:

mündlich oder schriftlich auf gesondertem Blatt, individuelle Lösung

Aufgabe 6:

ggf. entsprechende Wörter bzw. Textstellen unterstreichen lassen

- Wiedergabe persönlicher Gefühle: Pronomen *ich*, Verben *(freue mich, wünsche mir, glaube, bin überzeugt)*; formelhafte Wendung *(ich für meinen Teil)*
- Anknüpfen an persönliche Gefühle und Erlebnisse der Adressaten: *dieses Traditionshaus an alter Stelle, die Wunden des Krieges, während der Zeit der DDR*
- direkte Anrede der Adressaten: *zu Ihnen, ihr, euch*
- Ausrufe und Aufforderungen: *Lassen wir uns nicht täuschen, traut euch doch wenigstens selbst etwas zu! Ich rufe auf zu mehr Selbstverantwortung; Glauben wir wieder an uns selber*
- Herstellen von Gemeinsamkeit auf verschiedenen Ebenen: *wir, unser Land, unsere Gesellschaft, unsere Jugend; Natürlich kenne auch ich die Umfragen*
- Würdigung von Leistungen, für die sich Adressaten mitverantwortlich fühlen können: *Nirgendwo sonst, wir können etwas gestalten*
- gefühlsbetonte Ausdrücke und emotional besetzte Orte: *das gespenstisch leere, das unerreichbare Brandenburger Tor*
- bildhafte Ausdrucksweise: *republikanischer Vorkoster, das gespenstisch leere Sichtfeld, Laboratorium Berlin, Dreiklang in Moll, katapultieren, beflügeln*
- umgangssprachliche Wendungen: *der steckt den Kopf in den Sand, kein Blatt vor den Mund nehmen, Probleme beim Namen nennen, Im Klartext:*
- rhetorische Fragen: *Was sehe ich dagegen in Deutschland? Was ist los mit unserem Land? Warum sollte bei uns nicht möglich sein, …*

Aufgabe 7:

Der Bundespräsident wird von der Bundesversammlung auf fünf Jahre gewählt.
Ihm obliegen: völkerrechtliche Vertretung des Bundes, Ernennung und Entlassung der Bundesbeamten und -richter einschließlich der Offiziere und Beamten der Bundeswehr, Repräsentation der Bundesrepublik Deutschland nach außen und innen, Personalvorschlag für einen neuen Bundeskanzler.

Aufgabe 8:

Theodor Heuss (1949-1959)	Heinrich Lübke (1959-1969)	Gustav Heinemann (1969-1974)	Walter Scheel (1974-1979)	Karl Carstens (1979-1984)	Richard von Weizsäcker (1984-1994)
Roman Herzog (1994-1999)	Johannes Rau (1999-2004)	Horst Köhler (seit 2004)	Christian Wulff 10 bis 2011	Gauck 11	

1.5 Gesprächstextsorten

Aufgabe 1:

	Prüfungsgespräch	Bewerbungsgespräch	Verkaufsgespräch	Beratungsgespräch
Charakteristik der Partner	Partner handeln in bestimmten Rollen miteinander (Prüfer und Prüfling)	Personalchef als Vertreter einer Firma, Institution; Bewerber meist als einer unter vielen oder mehreren mit gleicher oder ähnlicher Qualifikation und Eignung	Partner handeln in komplementären Rollen	der eine Partner verfügt über bestimmte berufliche/fachliche Voraussetzungen für angemessene Beratung, der andere wünscht, braucht diese Beratung
Anliegen/ Interessen der Partner	Prüfer will sich über Wissen, Fähigkeiten informieren und zu einer Bewertung gelangen; Prüfling will möglichst guten Eindruck machen, sich gut darstellen	die für die Stelle am besten geeignete Person zu finden; die Stelle zu bekommen, indem man sich möglichst gut darstellt	Verkäufer will dem potenziellen Kunden etwas verkaufen, dieser hat evtl. einen Kaufwunsch, vielleicht aber nur Beratungsbedarf oder oberflächliches Interesse	Beratender will raten, überzeugen, gewünschte Hilfe geben; Ratsuchender will fachgerechte, einfühlsame, individuelle Beratung

	Prüfungsgespräch	Bewerbungsgespräch	Verkaufsgespräch	Beratungsgespräch
Beziehung zwischen den Partnern	asymmetrisch, aber ergänzen einander; offizielle Beziehung, sind einander mehr oder weniger bekannt	asymmetrisch, offiziell, Partner sind i. d. R. einander unbekannt	komplementär (wechselseitiges Verhältnis)	wechselseitiges Verhältnis
Anforderungen an das Verhalten der Partner	Prüfer sollte beruhigend wirken, den Prüfling nicht verunsichern; Prüfling sollte versuchen, sein Wissen ruhig und in angemessener Weise darzulegen	Personalchef sollte dem Bewerber Gelegenheit geben, sich in angenehmer Atmosphäre darzustellen; Bewerber muss sich durch sein Auftreten als am besten geeignet darstellen	Käufer muss Kaufinteresse bekunden, spezielle Wünsche, Anforderungen an das Produkt; Verkäufer muss durch geduldiges, aufmerksames Fragen und Zuhören Wünsche erkunden, sachgerechte und wahrheitsgetreue Auskunft geben, Vor- und Nachteile benennen	hier besonders wichtig: Aufbauen eines Vertrauensverhältnisses, wechselseitiges Eingehen auf die Persönlichkeit des Partners

Seite 25

1.6 Verkaufsgespräch

Aufgabe 1:

Die Verkäuferin verhält sich kooperativ, versucht immer wieder durch geduldiges Fragen den Kaufwunsch des Kunden zu konkretisieren.
Kunde nicht kooperativ, weltfremd und eigensinnig, missversteht Fragen der Verkäuferin.
(bei Rollenspiel individuelle Lösung)

Aufgabe 2:

individuelle Lösung

Aufgabe 3:

- **vom Kunden einzuholende Informationen**: Welche Ansprüche stellt er an den Drucker; ist dieser zum beruflichen oder privaten Gebrauch bestimmt, wird ein- oder mehrfarbiger Druck gewünscht? Häufigkeit der Nutzung? Gewünschte Qualität?
- **Sachwissen**: Arbeitsweise und spezielle Leistungen der verschiedenen Typen: Nadeldrucker (einzelne Zeichen werden mit Hilfe von Drahtstiften auf das Papier gebracht); inzwischen technisch überholt und vollständig ersetzt durch Tintenstrahldrucker (setzt Buchstaben und Bilder aus feinen Farbstrahltröpfchen zusammen; Geräte recht preiswert, die meisten Modelle können auch in Farbe drucken) und Laserdrucker (Zeichen werden mit programmgesteuertem Laserstrahl auf eine Spezialfolie „geschrieben", die meisten können nur in Schwarzweiß oder Grautönen daucken; teurer als Tintenstrahldrucker, aber hohe Qualität, mit 1,2 Mio. Zeichen pro Std. hohe Geschwindigkeit und Betriebskosten deutlich geringer, daher besonders häufig in Büros eingesetzt)
- **mögliche Einwände und Fragen des Kunden**: Preis- und Leistungsunterschiede? Wodurch ist der höhere Preis gerechtfertigt? Druckqualität? Kann das Gerät auch in Farbe drucken? Druckgeschwindigkeit? Betriebskosten?

2 Schriftliches Darstellen

2.1 Bericht

Aufgabe 1:

Berichtsart	nähere Beschreibung
Untersuchungsbericht	Bericht eines meist mit bestimmten Befugnissen ausgestatteten Gremiums (z. B. parlamentarischer Untersuchungsausschuss) über die Untersuchung und Bewertung eines bestimmten Sachverhalts (z. B. Bestechungsvorwurf)
Testbericht	Produkte (Autos, Waschmittel, elektronische Geräte u. a.), Leistungen (Versicherungen, Anlagemöglichkeiten) u. Ä. werden meist von Institutionen (z. B. Stiftung Warentest) nach ihrer Qualität getestet und nach verschiedenen Kriterien bewertet; solche Testberichte werden in speziellen Zeitschriften, Broschüren, Ratgebersendungen veröffentlicht; Adressaten sind Verbraucher, potenzielle Kunden, denen damit wichtige Informationen vermittelt und Entscheidungshilfen gegeben werden
Geschäftsbericht	Bericht einer Aktiengesellschaft zum Schluss jedes Geschäftsjahres, wird vom Vorstand aufgestellt und dem Aufsichtsrat und der Hauptversammlung vorgelegt
Praktikumsbericht	Bericht von Praktikanten über Aufgaben, Tätigkeiten, Ergebnisse während eines zu absolvierenden Praktikums für die entsprechende Ausbildungseinrichtung

Berichtsart	nähere Beschreibung
Unfallbericht	Unfallbeteiligte informieren über Ursachen und Hergang eines Unfalls für Polizei, Versicherung, Krankenkasse; Zweck: Beurteilung, Klärung der Schuldfrage
Reisebericht	Bericht über Stationen, Erlebnisse während einer Reise, um zu informieren, zu interessieren, anzuregen
Forschungsbericht	von Wissenschaftlern, Technikern, Mitarbeitern, Doktoranden u. a. über Forschungsergebnisse innerhalb eines Forschungsprojektes, einer Expedition, im Rahmen einer fachlichen Qualifizierung

Weitere Berichtsarten sind z. B. Rechenschaftsbericht, Tätigkeitsbericht, Arbeitsbericht, Kontrollbericht. (In bestimmten Tätigkeitsbereichen haben sich jeweils bestimmte Berichtsarten und -formen mit entsprechenden Bezeichnungen eingebürgert.)

Aufgabe 2:

- **Textfunktion**: Informieren (überwiegend sachbetont)
- **inhaltliche Merkmale**: Angaben von wesentlichen Daten (wer, wann, wo, warum, wozu, wie) des dargestellten einmaligen Ereignisses (Anlass der Festtage, Geschichte und Anliegen der Einrichtung, Ort, Zeit und Ablauf, Teilnehmer)
- **Textaufbau**: chronologisch, verknüpft mit näheren Angaben zur Geschichte, zum Anlass u. a.
- **typische sprachliche Mittel**: konkrete Angaben zu Ort, Zeit, Personen, Funktionen und Institutionen, großer Informationsgehalt durch zahlreiche Attribute und Adverbialbestimmungen (v. a. Temporal-, Lokal- und Modalbestimmungen); Präteritum zur Darstellung vergangenen Geschehens; Verbalsubstantive zum verdichtenden Ausdruck von Vorgängen und Handlungen *(Beendigung, Sanierung, Gestaltung, Bemühungen, Einweihung, Ankunft, Empfang, Abschluss, Ausklang)*

Seite 26

2.2 Protokoll

Aufgabe 1:

Die Stellungnahme eines Redners kann durch ein treffendes Verb im Einleitungssatz vorweggenommen oder angedeutet werden.

Beispiele: Er äußert sich, erörtert, berichtet, legt dar, schildert, vertritt den Standpunkt, erläutert, stellt dar, vermutet, stimmt zu, bezweifelt, fragt, entgegnet, gibt zu bedenken, befürchtet, rät ab, entgegnet, regt an, bejaht, erwidert, lehnt ab, stimmt zu, verspricht, begrüßt, setzt sich ein, ist der Ansicht, fordert auf, informiert

Aufgabe 2:

- Frau Roth versichert Herrn Rust, dass sie diese Unterlagen noch nie gesehen habe/sie habe diese Unterlagen noch nie gesehen.
- Der Chef fragt den Auszubildenden, an welchen Tagen er zur Schule gehe.
- Der Bewerber bittet den Leiter, er möge ihm Gelegenheit geben,/dass er ihm Gelegenheit gebe, den Vorfall darzulegen.
- Ein Zeuge antwortet, dass er sich nicht mehr an die genaue Uhrzeit erinnern könne. Es müsse so kurz vor Mittag gewesen sein.
- Herr Büchner sagt, er weise diese Anschuldigung zurück. Er habe die Prospekte der Kundin sofort zugeschickt.

Aufgabe 3:

Konjunktiv I und Konjunktiv II
Der **Indikativ** bezeichnet das Wirkliche, die einfache, normale Aussageweise. Der Inhalt eines Satzes ist schon Tatsache oder als Tatsache gedacht.

Beispiel: Herr Rößler sagt: „Ich stimme diesem Vorschlag zu."
↓ ↓
Einführungssatz direkte Rede

Der **Konjunktiv I** dient zur Kennzeichnung fremder Rede. Er verändert die Bedeutung des Satzes. Die Meinung eines Redners wird vom Protokollführer wiedergegeben.

Beispiel: Herr Rößler sagt, dass er diesem Vorschlag **zustimme**.
↓
indirekte Rede, Konjunktiv I

Der **Konjunktiv II** ist der Ausdruck für die Nichtwirklichkeit. Der Sprecher oder Schreiber drückt aus, dass er sich etwas Bestimmtes vorstellt, das in Wirklichkeit aber nicht eintritt.

Beispiel: Herr Rößler sagt, dass er diesem Vorschlag zustimmen **würde**, wenn ...
↓
Indirekte Rede, Konjunktiv II

Merke: Wenn Konjunktivformen sprachlich zu gewöhnlich sind, umschreibt man sie mit „wollte", „sollte", „möge", „würde".

Seite 27

Aufgabe 4a:

<u>Herr Dr. Buchholz</u>: Meine Damen und Herren, liebe Schüler, ich begrüße Sie recht herzlich. Es geht heute um <u>fehlende Parkplätze</u> und die <u>Pausenversorgung</u> an unserer Schule. Zum ersten Tagesordnungspunkt darf ich kurz berichten:

Leider reichen die bestehenden Parkplätze für Lehrer und Schüler unserer Schule nicht aus. Unsere Kraftfahrzeugbesitzer weichen aus diesem Grunde in die angrenzende Gartensiedlung aus. Es handelt sich um eine verkehrsberuhigte Zone, in der ein 30 km-Tempolimit besteht. Die meist älteren Anwohner fühlen sich erheblich gestört, vor allem nach Schulschluss, wenn viele Autos zur gleichen Zeit abfahren. Einzelne Bürger, aber auch ein Vertreter des Ordnungsamtes haben mich gebeten, mit den Jugendlichen über mögliche Lösungen zur Veränderung der Situation zu sprechen. Falschparker und rücksichtslose Fahrer müssten sonst mit einer gebührenpflichtigen Verwarnung oder sogar mit Ordnungsstrafen rechnen. Wir müssen also nach Lösungen suchen. Ich bitte um Ihre Vorschläge.

Frau Günther: Ich wohne in der Siedlung. Es stimmt schon, dass sich einige Bürger stark belästigt fühlen, wenn die „Raser" unter den Fahrern zu schnell und mit aufheulenden Motoren durch die engen Straßen jagen. Könnte man nicht einige Schüler überzeugen, auf Bus oder Bahn umzusteigen?

Torsten Keitel: Für viele Schüler ist das Umsteigen auf öffentliche Verkehrsmittel kaum möglich. Sie kommen von außerhalb der Stadt ohne Bus- oder Bahnanschluss und sind deshalb auf das Auto oder Motorrad angewiesen. Vielleicht könnten einige Schüler Fahrgemeinschaften bilden und damit die Anzahl der parkenden Autos reduzieren. Ich bitte die Klassensprecher, in ihren Klassen das Problem darzulegen und mit den betreffenden Schülern zu sprechen.

Ina Reichelt: Mein Problem ist der fehlende Fahrradweg. Könnte man nicht für die 100 m Zufahrtstraße von der Bahnhofstraße bis zur Schule einen Radweg markieren? Der Gehweg ist dort sowieso zu breit.

Herr Richter: Wir haben doch auf der Südseite der Schule ein ungenutztes freies Gelände. Das wäre doch für die Anlage von Parkplätzen geeignet.

Herr Dr. Buchholz: Dort sollte für einen Sportverein ein Sportplatz entstehen. Aber dafür gibt es keine Genehmigung. Ich werde mit unserem Baudezernenten darüber sprechen, ob dort Parkplätze eingerichtet werden könnten.

Torsten Keitel: Wenn das möglich wäre, könnten für die Radfahrer zusätzliche Fahrradständer aufgestellt werden. Ich unterstütze Inas Vorschlag, einen Fahrradweg zu kennzeichnen.

Herr Dr. Buchholz: Darüber werde ich ebenfalls mit dem Baudezernenten sprechen. Ich fasse das Ergebnis kurz zusammen:

____

____

____

____

Meine Damen und Herren, liebe Schüler, den zweiten Tagesordnungspunkt wollen wir wegen der fortgeschrittenen Zeit auf unsere nächste Beratung am … verlegen. Ich danke für die rege Mitarbeit und für die konkreten Vorschläge.

Aufgabe 4b:

Gesprächsthemen:

1. Fehlende Parkplätze
2. Pausenversorgung

Aufgabe 4c:

Herr Dr. Buchholz eröffnet die Beratung und informiert über die Parksituation an der Schule. Die vorhandenen Parkplätze reichen für Lehrer und Schüler nicht aus. Deshalb parken die Kraftfahrzeugbesitzer in der nahe gelegenen Gartensiedlung. Die Anwohner fühlen sich vor allem nach Schulschluss durch den Lärm erheblich gestört.
Er sei durch Bürger, aber auch von einem Vertreter des Ordnungsamtes gebeten worden, mit den Jugendlichen zu sprechen und eine Lösung herbeizuführen. Falschparker und rücksichtslose Fahrer müssten in Zukunft mit einer gebührenpflichtigen Verwarnung oder sogar mit einer Ordnungsstrafe rechnen.
Frau Günther bestätigt die Ausführungen des Schulleiters. Man könne doch die Schüler überzeugen, auf Bus oder Bahn umzusteigen.
Torsten Keitel gibt zu bedenken, dass es für die außerhalb der Stadt wohnenden Schüler oft keinen Bus- oder Bahnanschluss gebe. Vielleicht könnten einige Schüler Fahrgemeinschaften bilden. Er wolle mit den Klassensprechern reden und sie bitten, mit den betreffenden Schülern zu sprechen.
Ina Reichelt fragt, ob es möglich sei, für die 100 m Zufahrtstraße von der Bahnhofstraße bis zur Schule einen Radweg zu markieren.
Herr Richter erinnert an das ungenutzte freie Gelände an der Südseite der Schule. Dort könne man Parkplätze einrichten.
Herr Dr. Buchholz erklärt, dieses Gelände sei ursprünglich für einen Sportplatz vorgesehen. Dafür gebe es aber keine Genehmigung. Er wolle mit dem Baudezernenten über die Einrichtung von Parkplätzen sprechen.
Torsten Keitel unterstützt den Vorschlag, einen Fahrradweg zu kennzeichnen, und empfiehlt, zusätzliche Fahrradständer aufzustellen.
Herr Dr. Buchholz verspricht, dass er auch darüber mit dem Baudezernenten sprechen wolle, und fasst das Ergebnis der Beratung zusammen: ... Er schlägt vor, wegen der fortgeschrittenen Zeit den zweiten Tagesordnungspunkt auf die nächste Beratung am ... zu verlegen. Er dankt allen Anwesenden für die konkreten Vorschläge und schließt die Beratung.

Seite 28

Aufgabe 5:

1. Herr Dr. Buchholz beantragt beim Baudezernenten
   - die Einrichtung von Parkplätzen an der Südseite der Schule,
   - die Markierung eines Radweges von der Bahnhofstraße bis zur Schule und
   - das Aufstellen zusätzlicher Fahrradständer.
2. Torsten Keitel bittet die Klassensprecher, in den Klassen über die Bildung von Fahrgemeinschaften zu sprechen.

Aufgabe 6:

entspricht Lösung 4c

Aufgabe 7:

Protokoll

über eine Besprechung der Schulleitung mit Vertretern des Schüler- und Elternrates

Vorsitzender	Herr Dr. Buchholz	Sitzungsleiter
Teilnehmer	Frau Günther	Elternrat
	Ina Reichelt	Klassensprecherin
	Herr Richter	Fachlehrer
	Torsten Keitel	Schülerrat
Protokollführung	Frau Wagner	
Ort	Konferenzraum	
Tag	05.10.20..	
Zeit	13:45 Uhr - 14:30 Uhr	
Tagesordnung	1. Fehlende Parkplätze	
	2. Pausenversorgung an der Schule	

1. Fehlende Parkplätze

Herr Dr. Buchholz unterrichtet die Anwesenden über die Parksituation an der Schule.

Ergebnis

1. Herr Dr. Buchholz beantragt beim Baudezernat
   - die Einrichtung von zusätzlichen Parkplätzen an der Südseite der Schule,
   - die Markierung eines Radweges von der Bahnhofstraße bis zur Schule und
   - das Aufstellen zusätzlicher Fahrradständer.
2. Torsten Keitel bittet die Klassensprecher, in den Klassen mit den Schülern über die Bildung von Fahrgemeinschaften zu sprechen.

2. Pausenversorgung an der Schule

Aus Zeitgründen wird dieser Tagesordnungspunkt auf den 25.10.20.. verlegt.

Magdeburg, 06.10.20..

Angefertigt | Für die Richtigkeit

(Wagner) | (Dr. Buchholz)

Seite 29

2.3 Gesprächsnotiz (Aktennotiz, Telefonnotiz)

Aufgabe 1:

Vorschlag zur Textgestaltung

Telefonnotiz

Herr Malermeister Radtke teilte mit, dass er schon am ... mit der Renovierung der Büroräume beginnen möchte. Das Material will er am Abend vorher zwischen 18:00 Uhr und 19:00 Uhr anliefern. Er bittet darum, ihm um diese Zeit den Zugang zu den Räumen zu ermöglichen. Er fragt, ob auch Fenster und Türen gestrichen werden sollen. Es sei nichts vereinbart worden. Herr Radtke erwartet noch heute Ihren Anruf. Tel.-Nr. ....

Im Auftrag

Seite 30

2.4 Gegenstands- und Vorgangsbeschreibung

Aufgabe 1:

Der Bildschirmarbeitsplatz besteht aus einem Tisch für die Tastatur und dem Bildschirm. Die optimale Tischhöhe beträgt 72 cm, die Sehentfernung zum Bildschirm liegt bei etwa 50 cm. Die Tastatur ist 5 bis 10 cm von der Tischkante entfernt, um Platz für das Auflegen von Handballen bzw. Unterarmen zu lassen. Der Arbeitsplatz wird durch einen ergonomisch gestalteten, in der Höhe verstellbaren und auf Rollen beweglichen Arbeitsstuhl mit Rückenlehne ergänzt.

Aufgabe 2:

Wie ein Bildschirmarbeitsplatz aussehen sollte

- Die Tischhöhe sollte zwischen 68 und 76 cm betragen und möglichst verstellbar sein.
- Die Tastatur sollte so niedrig wie möglich liegen und davor Platz zum Auflegen von Handballen bzw. Unterarmen bieten.
- Die Sitzfläche sollte so hoch sein, dass Ober- und Unterarm beim Tippen einen rechten Winkel ergeben. Man sollte möglichst gerade sitzen und die ganze Sitzfläche ausnutzen. Auch das Kniegelenk sollte einen rechten Winkel ergeben, je nach Sitzhöhe ist dazu u. U. eine Fußstütze zu verwenden.

- Die Sehentfernung zum Bildschirm sollte etwa 50 cm betragen (bei großen Bildschirmen mehr), wobei sich die Oberkante des Bildes etwa in Augenhöhe (nicht höher) befinden sollte.
- Es ist darauf zu achten, dass nicht durch Tageslicht und künstliche Beleuchtung störende Reflexe auf dem Bildschirm entstehen, ggf. sind die Fenster durch entsprechende Lamellenvorhänge gegen Lichteinfall zu schützen.

Aufgabe 3:

Grillen mit dem Elektro-Grillcenter

Bevor das Gerät in Betrieb genommen wird, ist zu prüfen, ob die Netzspannung mit der Spannungsangabe auf dem Typenschild übereinstimmt. Dann wird mindestens 1 Liter Wasser in den Boden der emaillierten Wanne gefüllt (die beim Grillvorgang verdampfende Wassermenge ersetzt man durch vorsichtiges Nachgießen). Jetzt wird der Heizkörper in die dafür vorgesehenen Aussparungen gelegt und der Grillrost in die richtige Position gebracht. Vor Beginn des Grillvorgangs heizt man das Gerät mindestens 10 Minuten auf, dabei ist zur Sicherheit das Gerät direkt ohne Verlängerungskabel an eine Steckdose anzuschließen. Bei der ersten Benutzung können in den ersten Minuten leichter Geruch und Rauch entstehen. Nach Ende der Aufheizzeit wird das Grillgut direkt, d. h. ohne Geschirr oder Alufolie, auf den Rost gelegt.

Seite 31

Aufgabe 4:

Zur Erklärung der Beschaffenheit und der Funktionsweise sowie zur Anleitung der auszuführenden Vorgänge gehören auch beschreibende Mittel (Gegenstands- und Vorgangsbeschreibung).

Sprachliche Mittel des Beschreibens	Sprachliche Mittel des Anweisens
Gegenstandsbeschreibung durch adjektivische Attribute *(hochwertiges Gerät, emaillierte Wanne, leichter Geruch und Rauch)*, genaue Benennungen (v. a. zusammengesetzte Substantive) für Gegenstände und ihre Teile bzw. Sachverhalte *(Netzspannung, Typenschild, Heizkörper, Grillrost, Kabeltrommel, Verlängerungskabel, Steckdose, Grillgut, Aussparungen)*, nominale Prädikate *(ist ausgelegt, ist zulässig)*; Beschreibung von Vorgängen durch treffende Verben bzw. Verbalsubstantive *(verdampft, Nachgießen, positionieren, benutzen, abwickeln, anschließen, entstehen, Erstbenutzung)*	Verbformen mit auffordernder Funktion *(lesen Sie, prüfen Sie)*, Modalverben *(müssen Sie, sollten Sie)*, auffordernde Verben *(achten Sie darauf)*, bewertende und begründende Adjektive und Adverbien bzw. Adverbialbestimmungen *(bei sachgerechter Bedienung, sorgfältig, durch sorgfältiges Nachgießen, zur Sicherheit)*

2.5 Bewerbung

Seite 32

Aufgabe 1:

individuelle Lösung, auf gesondertem Blatt; vgl. dazu die Darstellungen unter www.arbeitsagentur.de

Aufgabe 2:

individuelle Lösung, auf gesondertem Blatt

Aufgabe 3:

individuelle Lösung, auf gesondertem Blatt

Seite 33

2.6 Arbeitszeugnis

Seite 34

Aufgabe 1:

Formulierungen müssen im Zusammenhang mit der Notenskala gesehen werden, isoliert wirken Sie oft positiver, als sie gemeint sind.
Die graduelle Abstufung wird erreicht durch: Adverbien *(stets, sehr)*; Adjektive in den verschiedenen Steigerungsstufen *(vollsten, vollen, äußerst, größter)*; wertende Substantive *(Sorgfalt, Genauigkeit, Zufriedenheit)*; wertende Adjektive *(groß, vorbildlich, gut, angemessen)*; wertende Verben *(bedauern, bedanken uns)*, einschränkende Formulierungen *(im Großen und Ganzen, zum großen Teil, insgesamt, im Allgemeinen)*; negierende Wendungen *(gab zu Beanstandungen keinen Anlass)*; verhüllende Formulierungen *(Streben nach einer guten Leistung, hat sich bemüht, hat versucht, angemessen)*; die Kombination dieser Mittel.

Aufgabe 2:

Bewusstes Weglassen von Aussagen über wesentliche Punkte der Tätigkeit oder fehlende Bewertungen können darauf schließen lassen, dass es darüber nichts Positives zu sagen gibt. Übermäßige Betonung von Freizeitinteressen und des Sozialverhaltens gegenüber den Arbeitsleistungen kann darauf hindeuten, dass dem Arbeitnehmer Freizeit und Vergnügen wichtiger sind als seine Arbeit.

Aufgabe 3:

Rechnet der Arbeitnehmer mit einer eher ungünstigen Beurteilung durch seinen Arbeitgeber, dann ist das einfache Arbeitszeugnis vorzuziehen, da es nur sachliche, überprüfbare Angaben enthält und keine wertenden Aussagen über Führung und Leistung und weil es dem Arbeitgeber nur geringen Beurteilungsspielraum gestattet.

2.7 Privater Geschäftsbrief

Seite 35

Aufgabe 1:

keine Musterlösung

Seite 36

Aufgabe 2:

Persönlicher Brief
In der Regel besteht eine persönliche Beziehung zwischen Absender und Empfänger. Man schreibt über alltägliche Ereignisse und besondere Erlebnisse und Vorkommnisse. Der Schreiber will den Kontakt zu Freunden und Verwandten herstellen oder aufrechterhalten. Sprache und Form unterliegen keinen festen Regeln. Redundanz ist erlaubt.

Privater Geschäftsbrief
Im Unterschied zum persönlichen Brief ist der Empfänger oft nicht bekannt. Im Allgemeinen gelten die Anforderungen an den „offiziellen" Schriftverkehr. Der Inhalt beschränkt sich auf eine knappe, zweckentsprechende und partnerbezogene Informationsauswahl. Ein angemessener und klarer Ausdruck sowie Sicherheit in der Grammatik, Orthografie und Zeichensetzung sind unentbehrlich. Im Vergleich zum persönlichen Brief spielt die äußere Form eine größere Rolle. Zur äußeren Form gehören Papierformat, Schriftbild, Lesbarkeit und Gliederung des Textes (Abschnitte).

Aufgabe 3:

Textsorten	Anlässe
Anträge	auf Stipendium, auf Fahrtkostenrückerstattung, Gewährung einer einmaligen/ständigen Unterstützung, Beurlaubung, etc.
Anfragen	Bitte um Angebote, um einen Kostenvoranschlag, um eine Auskunft, Bewerbungen
Mitteilungen	Entschuldigungen, Beendigung eines Abonnements, Kündigungen, Meldungen über Schäden, Verlustanzeigen, Anzeigen auf Ruhestörungen

Textsorten	Anlässe
Mahnungen	an Behörden wegen unterlassener Zahlungen, an Dienstleistungseinrichtungen wegen nicht ausgeführter Aufträge
Mängelrüge	Beanstandungen von geleisteten Arbeiten, fehlerhafte Warenlieferungen
Widerspruch	gegen Bußgeldbescheid, gegen Kündigung durch den Vermieter, gegen ungerechtfertigte Zahlungsaufforderungen
Eingaben	Schadensanzeigen, Beschwerden
Bestellungen	von Waren, Zimmerreservierung, Platzreservierung

Aufgabe 4:

Problemdiskussion zur Darstellung des Sachverhaltes und zur sprachlichen Gestaltung

Dieser Brief ist nicht geeignet, die Leistungsfähigkeit der Gaststätte werbewirksam zu dokumentieren.

Inhalt: vorwiegend Rechtfertigungen, kaum Entschuldigungen, Textaufbau ohne erkennbare Gliederung

Sprache: Mängel im Ausdruck und Satzbau sowie Orthografie und Interpunktion

Mögliche Gliederung des Textes
- Entschuldigung und Bedauern
- kurze Schilderung der Situation – ohne Rechtfertigung
- Bitte um Verständnis – evtl. erneute Entschuldigung
- Angebot an Gäste (z. B. Einladung: Essen für 2 Personen auf Kosten des Hauses)
- Schlusssatz und Grußformel

Seite 37

Aufgabe 5:

Die Anrede	Mögliche Grußformeln
Sehr geehrte Damen und Herren, Sehr verehrter Herr Dr. Reichert, Sehr geehrter Herr Professor Langner, Sehr geehrte Frau Schöberl, Sehr geehrte Damen, Liebe Frau Müller, Liebe Kollegen, Liebe Karin, Hallo Fans!	Mit freundlichen Grüßen Mit besten Grüßen und Wünschen Mit verbindlichen Empfehlungen Mit aufrichtigen Wünschen für ... Mit freundlichem Gruß/Hochachtungsvoll Freundliche Grüße Herzliche Grüße Liebe Grüße Euer ...

Merke: Die Formulierung steht im Ermessen des Absenders. Sie hängt in der Regel auch von seinem Verhältnis zum Briefempfänger ab.

Aufgabe 6:

a) Mängelrüge
b) Bitte um ein Angebot
c) Verlustanzeige
d) Schadensmeldung/Schadensanzeige

Seite 39

Aufgabe 7:

Vorschläge zum Inhalt und Textaufbau privater Geschäftsbriefe

a) **Mängelrüge**

Zweck des Schreibens: Die Firma Walter, 39108 Magdeburg, Theodor-Fontane-Str. 12, wird aufgefordert eine bereits in Rechnung gestellte Malerarbeit nachzubessern.

Inhalt: Nach Beendigung der Renovierung zeigen sich folgende Mängel:
- Lösen mehrerer Tapetenbahnen
- Wasserflecken an der Zimmerdecke wieder sichtbar
- Farbtropfen an den Türrahmen

Bitte um schnelle Beseitigung der Mängel, danach sofort Überweisung des Rechnungsbetrages

Reklamation

Zweck des Schreibens: Das Textilversandhaus Wollmann, 14055 Berlin, An der Spree 7, wird aufgefordert ein Jeanshemd umzutauschen.

Inhalt: Informieren über falsche Lieferung, beanstandet werden Farbe und Größe; bestellt wurde ein Jeanshemd Farbe natur, Größe 38, Bestell-Nr. 420873 geliefert wurde ein Jeanshemd Farbe weiß, Größe 42
Bitte um Umtausch

b) **Bitte um ein Angebot**

Zweck des Schreibens: Bitte um ein Angebot an Informationsmaterial über Unterkunftsmöglichkeiten und Sehenswürdigkeiten

Inhalt: Anschrift: Schwarzwald-Touristik, Weinbergstraße 14, 79114 Freiburg
Konkrete Angaben über Vorstellungen und Wünsche: Reisezeit, Unterkunft (Jugendherberge, Pension, Hotel)
Fragen nach Bade- und Wandermöglichkeiten, kulturellen Veranstaltungen, Fahrradverleih u. Ä.

c) **Einspruch**

Zweck des Schreibens: Der Absender erhebt Einspruch gegen ungerechtfertigte Mahnbescheide

Inhalt: Anschrift: Verlag Kunst und Kultur, 22175 Hamburg, Am Hafen 18
Darlegung des Sachverhaltes
Abonnement zum 01. 04. 20.. gekündigt, Lieferung wurde eingestellt
Im 2. Und 3. Quartal schickte der Verlag zwei Mahnbescheide zur Begleichung von Rechnungen und Androhung rechtlicher Schritte.
Forderung ungerechtfertigt, Bitte um umgehende Klärung des Sachverhaltes.

d) **Antrag**

Zweck des Schreibens: Eine Behörde soll die Genehmigung zum vorzeitigen Ablegen einer Prüfung erteilen.

Inhalt: Anschrift der örtlichen Behörde, in der Regel die zuständige Industrie- und Handelskammer
Darlegen des Sachverhaltes
Voraussetzungen für das Ablegen der Prüfung sind erfüllt, z. B. berufspraktische Ausbildung, evtl. berufliche Tätigkeiten, Erfahrungen; Teilnahme am theoretischen Unterricht in der Berufsschule
Ziel: Aufnahme eine Studiums
Bitte um Zulassung, Anlagen beifügen

e) **Antrag**

Zweck des Schreibens: Freistellung vom Unterricht

Inhalt: Anschrift der Schule, z. Hd. des Direktors/Klassenlehrers
Begründung des Antrages (familiäre Ereignisse, Teilnahme an sportlichen oder kulturellen Veranstaltungen)
genaue Zeitangaben
evtl. Vorschläge, Unterrichtsstoff nachzuholen
Bitte um Freistellung

f) **Einladung**

Zweck des Schreibens: Ein ausgewählter Personenkreis wird zu einer Jubiläumsfeier eingeladen.

Inhalt: Anlass und Absicht der Veranstaltung
Angaben zu Ort und Zeit
Tagesordnung, möglicher Ablauf: Begrüßung, Feierstunde, Kulturprogramm, Besuch einer Schülerausstellung oder neu eingerichteter Klassenräume, Gespräche mit Lehrern und Schülern
Weitere Hinweise: evtl. Beschreibung des Weges zum Erreichen der Schule zu Parkmöglichkeiten, Einladung zu einem Imbiss, Übernachtungsmöglichkeiten, Theater-/Opernbesuch u. Ä.
Bitte um Teilnahme, Rückmeldung

g) **Anfrage**

Zweck des Schreibens:	Der Elektromeister Horst Heine wird gebeten, dem Absender des Briefes einen Kostenvoranschlag für Elektroarbeiten zu erstellen.
Inhalt:	Wohnanschrift formulieren Gewünschte Dienstleistungen: – Einbau einer Sprechanlage für zwei Wohnungen – Anbringen einer Warnlichtanlage am Hauseingang und – Verlegen eines Lichtschalters Bitte um Kostenvoranschlag Bitte um Besichtigung der Wohnung Absprache telefonisch möglich, Telefonnummer angeben

Seite 39

2.8 Institutionelle Texte

Aufgabe 1:

- **Wortwahl**: steife, amtssprachliche Benennungen (z. B. *Kinderanfall*); gespreizte kanzleisprachlich gefärbte Adjektive und Adverbien *(hierorts, wohnhaft, unbeschult, aktenkundig, gewohnheitsrechtlich, besagte)*, abstrakte, verallgemeinernde Oberbegriffe *(Minderjährige, Nahrungs- und Genussmittel, Genesungszwecke)*; viele Substantivierungen *(Pflegebedürftigkeit, Sendung)*
- **Satzbau**: steife, umständliche, oft nominale Formulierungen *(genannt zu werden pflegt, wurde zustellig gemacht, Mitteilung machte, die Auflage machte)*
- **Ausdruck**: überwiegend substantivische (nominale) und unpersönliche Ausdrucksweise; steife und gespreizte Formulierungen für alltägliche Sachverhalte

Aufgabe 2:

Amtlich definierte, mitunter sehr umfangreiche Bezeichnungen müssen verwendet werden, die Sachverhalte müssen eindeutig formuliert sein, möglichst nicht verschieden auslegbar; alle denkbar eintretenden Fälle müssen erfasst werden; zusammenfassende Oberbegriffe dienen der Verallgemeinerung eines konkreten Einzelfalles.

Aufgabe 3:

Satz (obwohl nur ein einfacher, erweiterter Satz!) viel zu lang und komplex durch zu starke Auffüllung des Satzgliedes vor dem Prädikatsteil *ist* mit zahlreichen Attributen; Abhängigkeitsbeziehungen der Attribute nur sehr schwer zu durchschauen; sehr hohe Informationsdichte durch zu starke Komprimierung

Umformung: Die Veröffentlichung der sechsten Aufforderung zur Einreichung von Vorschlägen im Rahmen des Programms FAIR, die ursprünglich für den 17. Juni 1997 geplant war, ist nunmehr für den 15. Oktober 1997 vorgesehen. FAIR ist der Name eines spezifischen Programms für Forschung, technologische Entwicklung und Demonstration im Bereich Landwirtschaft und Fischerei (einschließlich Agro-Industrie, Lebensmitteltechnologien, Forstwirtschaft, Aquakultur und Entwicklung des ländlichen Raumes).

Die Umformung besteht aus zwei Sätzen, von denen der erste ein Satzgefüge ist. Aus dem nominalen Rahmen wurde ein relativischer Nebensatz. Die sehr umfangreiche und umständliche Bezeichnung des Programms wird als Erläuterung der Abkürzung nachgetragen. Gegenüber der Originalfassung (51 Wörter) ist die Umformulierung etwas länger (59 Wörter), aber verständlicher. Dass auch die Umformulierung immer noch recht komplex ist, liegt an den Inhalten, die mitgeteilt werden sollen.

Seite 40

2.8.1 Bürgernahe Verwaltungssprache

Aufgabe 1:

- *Fahrkarte, Gemeinsamer internationaler Tarif für die Beförderung von Personen und Reisegepäck, Eurostar, TGV, DBAutoZug, Beförderungsbedingungen, Deutsche Bahn AG, Umtausch- und Erstattungsbedingungen*
- Zusammenfassende Formulierungen: *Fahrgast, Reisen im Bereich der Deutschen Bahn, internationale Reisen, bestimmte Züge oder Tarife, Verkaufsstellen;*
  Substantivierungen: *Änderungen, Manipulationen, Regelungen, bei Vorlage zur Erstattung, geeignete Bescheinigungen*
- persönliche, höfliche Anrede *(Sehr geehrter; Sie, Ihnen, Ihre)*, höfliche, freundliche Ausdrucksweise *(gerne)*, Wunschformel *(Wir wünschen Ihnen eine angenehme Reise)*

Seite 41

Aufgabe 2:

- Auffordern zum Handeln durch entsprechende Verben bzw. Verbformen, Substantive und Adjektive *(zu überweisen, verwenden Sie, benutzen können, den ausgewiesenen Betrag, Bank- oder Postüberweisung, Rechnungsbetrag, zahlbar rein netto)*
- Der Bezieher eines Zeitschriftenabonnements wird eindeutig darüber informiert, dass er innerhalb einer bestimmten Frist (14 Tage) den entsprechenden Rechnungsbetrag, dessen Zusammensetzung exakt belegt wird, zu zahlen hat.
- höfliche Anrede in geschlechtergerechter Weise *(sehr geehrte Leserin, sehr geehrter Leser)*, Sprachhandlungen des Empfehlens, Bittens und Dankens *(Sie können benutzen, wir bitten Sie höflich, verwenden Sie bitte, besten Dank)*

Aufgabe 3:

individuelle Lösung, auf gesondertem Blatt

2.8.2 Geschlechtergerechter Sprachgebrauch

Seite 42

Aufgabe 1:

individuelle Lösung

Aufgabe 2:

- Markierung der weiblichen Form durch Suffix -in:
  der Lehrer/die Lehrerin, der Ingenieur/die Ingenieurin
- Substantivierung der weiblichen bzw. männlichen Form des Adjektivs bzw. Partizips:
  die/der Auszubildende, die/der Jugendliche, die/der Angestellte
- neutrale Personenbezeichnungen:
  Aushilfskraft, Haushaltshilfe, Begleitperson; ggf. mit Zusatz männlich/weiblich
- die beide Geschlechter erfassende Schreibung mit -Innen:
  KoordinatorInnen
- Verwendung des Grundwortes -mann bzw. -frau sowie in bestimmten Fällen anderer geschlechtsspezifischer Grundwörter:
  Einzelhandelskaufmann/Einzelhandelskauffrau, Fachmann/Fachfrau; Krankenschwester/Krankenpfleger

Vgl. dazu ausführlicher BBB-Merkblatt: „Sprachliche Gleichbehandlung von Frauen und Männern. Hinweise, Anwendungsmöglichkeiten und Beispiele" unter www.bva.bund.de

Aufgabe 3:

„Die Präsidentin oder der Präsident und ihre Stellvertreterin bzw. ihr Stellvertreter oder seine Stellvertreterin bzw. ihr Stellvertreter werden auf zwei Jahre gewählt." (aus einer Satzung)

Durch Nennung aller möglichen Formen mit den jeweiligen Bezugswörtern können sehr lange, umständliche Formulierungen entstehen. Vor allem Texte mit hoher Frequenz solcher Personenbezeichnungen werden dadurch unnötig aufgebauscht. Ihre Verständlichkeit und Überschaubarkeit wird beeinträchtigt.

In der „Einführung" des BBB-Merkblatts werden als Grundsätze für die Umsetzung der sprachlichen Gleichbehandlung in der Praxis genannt: Eindeutigkeit, Sprechbarkeit, Übersichtlichkeit, Beachten sprachlicher Gewohnheiten.

Aufgabe 4:

individuelle Lösung

2.9 Journalistische Texte

2.9.1 Nachricht und Kommentar

Seite 43

Aufgabe 1:

	Nachricht	**Kommentar**
Kommunikations-gegenstand:	aktuelles Ereignis	aktuelles Ereignis
Kommunikations-absicht:	Informieren	Kommentieren
Sprachliche Gestaltung bzw. nicht-sprachliche Mittel:	informativ, sachliche Beantwortung der W-Fragen des Lesers (wer hat wann wo warum was getan), konkrete Angaben zu Personen, Institutionen, Zeit, Ort; Quellenangabe der Nachricht; Wiedergabe wichtiger Äußerungen durch indirekte Rede (Konjunktiv I); komprimiert durch Attribute, zusammengesetzte Substantive; knappe informative Überschrift; mit Verweis auf Kommentar werden zusätzliche Informationen angekündigt; Grafiken können Informationsgehalt und Anschaulichkeit erhöhen	breitere Darstellung durch detaillierte Beschreibung der Situation, Erklärung von Hintergründen und Ursachen; Anknüpfen an Alltagserfahrungen des Lesers; subjektive, emotionale und anschauliche Darstellung (bildhafte, z. T. auch umgangssprachliche Ausdrücke; *stürmische Entwicklung, Schritt halten, Wissens-Berg, büffeln, Halbwertzeit, Zauberwort, Kluft;* Gegenüberstellungen: *früher/heute, die ersten Berufsjahre/ein ganzes Berufsleben, Jugendliche/Senioren, öffentliche Hand/private Institute, Wissende/Nichtwissende)*

2.9.2 Leserbrief

Aufgabe 1:

In Tageszeitungen v. a. aktuelle Tagesthemen, weltpolitische und lokale Ereignisse und Entwicklungen, Pro und Kontra zu Meinungen in anderen Leserbriefen; in Illustrierten je nach Art der Zeitschrift v. a. persönliche Erlebnisse, Erfahrungen, Kritik; in Jugendzeitschriften v. a. jugendliche Themen (Mode, Kosmetik, Pubertät, Freundschaft, Liebe, Sexualität, Musik, Film, Stars)

Je nach Schreibanlass und Thema können sehr vielfältige Absichten verfolgt werden, oft auch mehrere gleichzeitig: Kundgabe der eigenen Meinung, Kommentieren, Appellieren, Kritisieren, Protestieren, Anregen zum Nachdenken oder Handeln, Abreagieren von Ärger und Entrüstung u. a.

Aufgabe 2:

mündlich, individuelle Lösung

Aufgabe 3:

Textsorte	typische Inhalte	eher Informations-, meinungs- oder fantasiebetont
Reportage	aktuelle Ereignisse aus eigener Augenzeugenschaft am Ort des Geschehens	eher informationsbetont
Interview	Meinungen, Ansichten, Vorhaben von Politikern, Wissenschaftlern, Künstlern, Sportlern und anderen prominenten Personen	informations- und meinungsbetont
Bericht	aktuelle Ereignisse aus Politik, Zeitgeschichte, Wirtschaft, Wissenschaft, Kunst, Sport u. a.	informationsbetont
Leitartikel	aktuelle Ereignisse und Meinungsäußerungen, interpretiert und bewertet durch die Redaktion	meinungsbetont
Kritik	künstlerische Leistungen (Bücher, Filme, Theater-, Musikaufführungen)	meinungsbetont
Kolumne	je nach Art der Zeitschrift zu verschiedenen Themen aus Politik, Gesellschaft, Wirtschaft, Kultur, Wissenschaft und Zeitgeschehen	meinungsbetont
Feature	ähnlich wie Reportage (Thema, Ereignis, Zustand, Meinung), aber stärker auf einen Gesichtspunkt zugespitzt (nur in Funkmedien)	informations- und meinungsbetont (durch Montage von Reportagen, Kommentaren, Dialogen und Dokumenten)
Feuilleton	aktuelle Fragen des gesellschaftlichen und kulturellen Lebens	eher meinungsbetont, z. T. auch fantasiebetont
Zeitungsroman	Partnerbeziehungen, Kriminalfälle u. a. unterhaltende Themen	eher fantasiebetont

Aufgabe 4:

mündlich oder schriftlich auf gesondertem Blatt, individuelle Lösung

Seite 44

D Kreativer Umgang mit Literatur

1 Überblick über literarische Formen

Seite 45

Aufgabe 1:

Heinrich Heine. „Leise zieht durch mein Gemüt“
Aus: Heinrich Heine: Werke in fünf Bänden, Aufbau-Verlag, Berlin und Weimar, 15. Auflage 1978, S. 208
Gattung: Lyrik
Genre: Naturgedicht

Gotthold Ephraim Lessing: „Der Besitzer des Bogens“
Aus: G. E. Lessing: In: Ein Lesebuch für unsere Zeit, Aufbau-Verlag, Berlin und Weimar 1986, S. 35
Gattung: Epik
Genre: Fabel

Carl Zuckmayer: „Der Hauptmann von Köpenick“
Aus: Carl Zuckmayer: Der Hauptmann von Köpenick, Fischer Taschenbuch, Frankfurt, 1973, S. 12
Gattung: Dramatik
Genre: Komödie

Siegfried Lenz: „Deutschstunde“
Aus: Siegfried Lenz: Deutschstunde, Hoffmann u. Campe, Hamburg 1968, S. 21f.
Gattung: Epik
Genre: Roman

Bertolt Brecht: „Eine gute Antwort“
Aus: Bertolt Brecht: Prosa, Bd. 1, Aufbau-Verlag, Berlin und Weimar 1973, S. 375
Gattung: Epik
Genre: Parabel

Seite 46

2 Literarisches Verstehen von Texten und kreatives Handeln

Aufgabe 1:

individuelle Lösung

Aufgabe 2:

individuelle Lösung

Seite 47

3 Das Erschließen von literarischen Texten

Seite 48

4 Epik

4.1 Das Märchen

Aufgabe 1:

Merkmal: ausgeprägtes Gerechtigkeitsstreben der Hauptpersonen
„Es reichte ihm das ganze Stückchen Brot ..."
„Da tat es seine Mütze ab ..."
„da gab es auch von sich hin."

Merkmal: optimistischer Grundton:
„Es war aber gut und fromm."
„... ging es im Vertrauen auf den lieben Gott ..."

Merkmal: Wunschwirklichkeit
"... so hatte es ein neues an ..."
„... und war reich für sein Lebtag."

Aufgabe 2:

Kontrastprinzip: gut – böse, klug – dumm, Belohnung – Bestrafung
Wiederholung und Steigerung: Dreizahl (drei Aufgaben, der dritte Versuch), sieben Berge, sieben Zwerge, nun komme ich noch einmal, dann nimmermehr
Vorliebe für das Wundersame, Übernatürliche, Fantastische: z. B. Mineralisierung: in Stein verwandelt

Seite 49

Aufgabe 3:

individuelle Lösung

Fortsetzung des Kästnerschen Märchens:

Der alte Mann musste wieder her, ob's nun eine Hölle gab oder nicht. Das war ich ihm schuldig. Ich musste meinen zweiten Wunsch dransetzen, den zweiten von dreien, o ich Ochse! Oder sollte ich ihn lassen, wo er war? Mit seinen hübschen roten Apfelbäckchen? Bratapfelbäckchen, dachte ich schaudernd. Mir blieb keine Wahl ... Ich schloss die Augen und flüsterte ängstlich: ‚Ich wünsche mir, dass der alte Mann wieder neben mir sitzt!'

Wissen Sie, ich habe mir jahrelang, bis in den Traum hinein, die bittersten Vorwürfe gemacht, dass ich den zweiten Wunsch auf diese Weise verschleudert habe, doch ich sah damals keinen Ausweg. Es gab ja auch keinen …"
„Und?"
„Was, Und'?"
„War er wieder da?"
„Ach so! – Natürlich war er wieder da! In der nämlichen Sekunde. Er saß neben mir, als wäre er nie fortgewünscht gewesen. Das heißt, man sah's ihm schon an, dass er …, dass er irgendwo gewesen war, wo es verteufelt, ich meine, wo es sehr heiß sein musste. O ja. Die buschigen weißen Augenbrauen waren ein bisschen verbrannt. Und der schöne Vollbart hatte auch etwas gelitten. Besonders an den Rändern. Außerdem roch's wie nach versengter Gans. Er blickte mich vorwurfsvoll an. Dann zog er ein Bartbürstchen aus der Brusttasche, putzte sich Bart und Brauen und sagte gekränkt: ‚Hören Sie, junger Mann – fein war das nicht von Ihnen!' Ich stotterte eine Entschuldigung. Wie leid es mir täte. Ich hätte doch nicht an die drei Wünsche geglaubt. Und außerdem hätte ich immerhin versucht, den Schaden wieder gutzumachen. ‚Das ist richtig', meinte er. ‚Es wurde aber auch höchste Zeit.' Dann lächelte er. Er lächelte so freundlich, dass mir fast die Tränen kamen. ‚Nun haben Sie nur noch einen Wunsch frei', sagte er, ‚den dritten. Mit ihm gehen Sie hoffentlich ein bisschen vorsichtiger um. Versprechen Sie mir das?' Ich nickte und schluckte. ‚Ja', antwortete ich dann, ‚aber nur, wenn Sie mich wieder duzen.' Da musste er lachen. ‚Gut, mein Junge', sagte er und gab mir die Hand. ‚Leb wohl. Sei nicht allzu unglücklich. Und gib auf deinen letzten Wunsch acht.' – ‚Ich verspreche es Ihnen', erwiderte ich feierlich.
Doch er war schon weg. Wie fortgeblasen.
„Und?"
„Was, Und'?"
„Seitdem sind Sie glücklich?"
„Ach so. – Glücklich?"
Mein Nachbar stand auf, nahm Hut und Mantel vom Garderobehaken, sah mich mit seinen blitzblanken Augen an und sagte: „Den letzten Wunsch hab ich vierzig Jahre lang nicht angerührt. Manchmal war ich nahe dran. Aber nein. Wünsche sind nur gut, solange man sie noch vor sich hat. Leben Sie wohl."
Ich sah vom Fenster aus, wie er über die Straße ging. Die Schneeflocken umtanzten ihn. Und er hatte ganz vergessen, mir zu sagen, ob wenigstens er glücklich sei. Oder hatte er mir absichtlich nicht geantwortet? Das ist natürlich auch möglich.

Aufgabe 4:

Erich Kästners Märchen (Kunstmärchen) hat folgende Charakteristika:
- Es ist die Schöpfung *eines* Dichters.
- Die Mitarbeit des Volkes ist demnach ausgeschlossen.
- Es bleibt an die Zeit seiner Entstehung und an die Vorstellungswelt seines Verfassers gebunden.
- Wirklichkeit und Fantastisches durchdringen sich.
- Die Eigenschaften der Hauptfigur stehen im Mittelpunkt.
- Es ist wie viele Kunstmärchen auch für Erwachsene geschrieben.

4.2 Die Anekdote

Seite 50

Aufgabe 1:

individuelle Lösungen

Bauelemente der Anekdote „Die Gesteinssammlung":

Die **Einleitung** besteht aus einem Satzgefüge und einem Hauptsatz. Die Einführung der Personen und die Namensnennung setzt beim Leser Kenntnisse über Daten, Fakten, Zusammenhänge und Zustände voraus: Lessing – der Dichter, Herr H. – zufälliger Bekannter. Ein Requisit wird eingeführt: die kostbare Gesteinssammlung. Die zeitlichen Gegebenheiten werden durch Verben wie *besuchte, bewunderte, fragte, lautete, sagte* (Präteritum) und *sind, hänge, legen* (Präsens) verdeutlicht. Die knappen Informationen reichen für das Verständnis des Dialogs aus.

Die **Überleitung** knüpft an die Einleitung an und bereitet die Pointe vor. Typisch ist die Frageform. „Diese Steine sind sicher Ihr kostbarster Besitz?" Die Fragestellung erfolgt in direkter Rede. Das Provokative der Frage ist hier dem Fragesteller bewusst. Er erzeugt auf diese Weise eine Erwartenshaltung, die in der folgenden Antwort (Pointe) enttäuscht wird.

Die Wirkung der **Pointe** beruht auf der überraschenden Antwort: „Legen Sie es doch dazwischen".

Aufgabe 2:

individuelle Lösung

Charakterzüge: Lessing steht über den Dingen, ist tolerant, menschlich.
Sein zufälliger Bekannter wird von Besitzgier beherrscht, er ist herzlos und menschenfeindlich.

Heine antwortet gleichnishaft, nimmt den Ruhm nicht für sich in Anspruch, überschaut die Situation, ohne zu werten und zu belehren.
Sein Verehrer ist naiv, seine provokative Fragestellung ist ihm nicht bewusst, er möchte belehrt werden.

Feuchtwanger reagiert ironisch auf eine scheinbar bewundernswerte Situation und differenziert bewusst zwischen Schein und Sein.

Aufgabe 3:

individuelle Lösung

Seite 51

4.3 Die Novelle

Aufgabe 1:

Das Bild des heiteren und gütigen Onkels, der immer für seine Nichte Zeit hat, der mit Sorgfalt seiner Postbeamtentätigkeit nachgeht und sie zu seiner Universalerbin einsetzt, stürzt zusammen, als sie von seinem Verrat erfährt. Für das Mädchen besteht der Konflikt darin, dass ein Mensch, den sie mag, in der Zeit des Nationalsozialismus zum Verräter geworden ist. Sie glaubt, dadurch das Recht verwirkt zu haben, Verzweiflung über den Tod von Juden zeigen zu dürfen; sie fühlt sich mitschuldig.

Aufgabe 2:

Das Umfeld des Mädchens reagiert in erster Linie hilflos. Der Konflikt wird negiert und totgeschwiegen. Voller Unverständnis reagiert eine Mitschülerin, indem sie das Verhalten des Mädchens als „affektiert" bezeichnet.

4.4 Die Fabel

Aufgabe 1:

Fabel: „Die Sperlinge" von Gotthold Ephraim Lessing
Der verantwortungsvolle Bürger misst eine Entscheidung nicht nur an den Vor- und Nachteilen für die eigene Person. Er sieht eine Entscheidung im Kontext der gesellschaftlichen Bedingtheit.

Fabel: „Ein folgenschwerer Unfall" von Wolfdietrich Schnurre
Der mündige Bürger wechselt seine Ansichten nicht aus Bequemlichkeit (Mitläufertum) und mangelnder Zivilcourage. Er muss bereit sein, Verantwortung zu tragen.

Aufgabe 2:

individuelle Lösung

Im ersten Teil der Fabeln **(das Allgemeine)** wird in einem Satzgefüge die Situation beschrieben, die bei den Betroffenen ein bestimmtes Verhalten auslöst: Die Sperlinge verlassen aufgebracht ihre alten Wohnungen, und das Chamäleon ist untröstlich über den Verlust der Fähigkeit, seine Farbe der jeweiligen Lage anpassen zu können.
Im zweiten Teil **(das Besondere)** wird die Reaktion der Tiere redend oder handelnd dargestellt. Auch die glanzvollste Wiederherstellung ihrer Behausung kann die Sperlinge nicht von ihrem Urteil abbringen, dass die neue Kirche für ihren Zweck nun nicht mehr taugt.
Die Farbe Grün missfällt dem Chamäleon, es kann sich damit nicht auf Dauer dem Zeitgeschmack, der herrschenden Mode, anpassen und unauffällig in der Masse untertauchen.
In der Pointe **(das Allgemeine)** wird der Gegenwartsbezug deutlich. Von nun an muss sich das politisch unmündige Chamäleon zu sich und seiner Farbe bekennen. Sozialkritisch werden die Sperlinge unter die Lupe genommen. Sie erkennen nicht die Notwendigkeit von Veränderungen; es fehlt ihnen an Objektivität ebenso wie an der nötigen Einsicht.
Das Thema beider Fabeln sind also allgemeine (menschliche) Verhaltensweisen.

Seite 52

4.5 Die Parabel

Aufgabe 1:

individuelle Lösung

Beispiel für eine Schülerantwort: „Wenn sie nicht wissen, was er angestellt hat, dann hat es natürlich keinen Sinn ihn zu bestrafen", sagte Herr K.

Aufgabe 2:

Interpretationsansätze:
Der Schutzmann kann als Sinnbild eines Staatswesens gesehen werden, das nach außen hin Ämter schafft, aber seinem Wesen nach nicht in der Lage ist, dem Untertanen Schutz zu gewähren. Es ist das Eingeständnis der Ausweglosigkeit.
Der Ich-Erzähler durchlebt die uralte Angst, es sei zu spät, ehe er einen Weg zu Ende gegangen ist. Dies ist eine Form der Furcht vor dem Tod, die bewirkt, dass ein Mensch gar nicht versucht, seine Situation zu meistern. Es ergibt sich eine Beziehung zu Kafkas Leben, der zu früh (mit 41 Jahren) starb und ein unvollendetes Werk zurückließ. Die Angst, zu sterben, ohne sein Werk zu vollenden, bewahrheitete sich in Kafkas Fall. Der Schutzmann symbolisiert die Figur des leiblichen Vaters und verkörpert dessen Erziehung. In einem Brief an seinen Vater heißt es bei Kafka: „... das Rätselhafte, das alle Tyrannen haben, deren Recht auf ihrer Person, nicht auf dem Denken begründet ist ...".

4.6 Die Kurzgeschichte

Seite 53

Aufgabe 1:

• **unvermittelter Beginn**	Der Einstieg in die Kurzgeschichte beginnt ohne Einleitung, ohne räumliche Festlegung (irgendein Straßencafé, irgendeine Straße). Der Erzähler blendet sich in die offene Situation ein.
• **Beschränkung auf wenige Figuren**	Die Figuren sind namenlos, die Hauptfigur ist eine junge Frau, von der ausschließlich in der dritten Person Singular die Rede ist.
• **Enthüllung von Charakteren**	Der Erzähler beschreibt in vorwiegend parataktischem Satzbau die Gewohnheiten und Beobachtungen der jungen Frau während ihrer Mittagspause. Für sie bedeutet die Mittagspause Hoffnung darauf, dass etwas passieren könnte, das ihrem Leben einen neuen Inhalt gibt. Gleichzeitig ist die Pause für sie ein Spielzeug, ein Test. Im Konjunktiv stellt sie sich die Begegnung mit einem jungen Mann vor. Die Bedenken der Eltern wegen einer möglichen Beziehung entkräftet sie mit dem Argument der Ungefähr-

lichkeit und Kürze der Mittagspause. Sie hat schon Erfahrungen gesammelt und gelernt, diesbezügliche Situationen zu meistern. Sie kleidet sich modisch und gibt damit Signale, für Kontakte bereit zu sein. Sie arbeitet als Schreibkraft in einem Büro, sie ist zuverlässig, pünktlich und erfüllt ihre Arbeiten routinemäßig.

- **entscheidender Moment im Leben eines Menschen**
  Die Kurzgeschichte ist so aufgebaut, dass erst allmählich deutlich wird, was es mit der täglich nach dem gleichen Ritual ablaufenden Mittagspause auf sich hat: Sie ist der Moment im Leben der jungen Frau, in dem sie auf Veränderung wartet – auf eine „Katastrophe“, wie sie es nennt.

- **offener Schluss**
  Der Erzähler lässt offen, wie sich das Leben der Hauptfigur weiter vollzieht. Man erfährt auch nicht andeutungsweise, ob sich ihre Hoffnungen erfüllen werden und ob sie selbst Schritte unternimmt, um ihr Leben zu ändern.

4.7 Die Erzählung

Seite 55

Aufgabe 1:

Konflikte:

- Die Pflicht des Jungen, in den Hort zu gehen – sein neunter Geburtstag mit der Verabredung zum Fliegen
- Sechs Stunden, die er für sich und den Vater hat – um vier Uhr kommt die Mutter, die nichts merken darf.
- Er muss Mutters „Besuch“ zu seinem Geburtstag einladen – sein Vater darf aber nicht kommen.
- Er klingelt verzweifelt an der Tür des Vaters, hofft auf Hilfe – sein Vater ist nicht da, hat die Verabredung nicht eingehalten.
- Er enttäuscht seine Mutter, wenn er nicht um vier zu Hause ist – aber Frau Hinz wartet vor der Tür.
- Er will nun nicht mehr nach Hause – seine Mutter soll sehen, was sie macht, wenn er gar nicht mehr kommt.

Versagen der Erwachsenen:

- Trennung der Eltern
- leichtfertig gegebene Versprechen, die ohne ersichtlichen Grund nicht eingehalten werden
- neue Bindungen, die die Eltern eingehen und die das Kind hinnehmen muss
- Vertrauensbasis, der sich vor allem das Kind anzupassen hat
- Machtlosigkeit des Kindes angesichts des Verhaltens der Erwachsenen
- Schuld am Tod des Kindes

Aufgabe 2:

Titel	Erzählsituation
„Neun“	personal
„Gibs auf!“	Ich-Erzählung
„Der fremde Freund“	Ich-Erzählung
„Die Sterntaler“	auktorial
„Das Märchen vom Glück“	Ich-Erzählung
„Der Steppenwolf“	Ich-Erzählung

4.8 Der Roman

Aufgabe 1:

Text 1: nein	Sachtext
Text 2: nein	Gedicht: „Das Ende der Kunst", Autor: Reiner Kunze
Text 3: nein	Geschäftsbrief
Text 4: ja	Romanausschnitt: „Nachdenken über Christa T.“, Autorin: Christa Wolf

Seite 56

Aufgabe 2:

Erwartungen	Realität
– der Mensch, der das „Echte“ möchte, der von Freude und Glauben bestimmt ist	– die Welt verlangt keine Taten und Opfer, keine heroische Dichtung, sondern die bürgerliche „gute Stube“, Essen, Trinken, Kaffee, Strickstrumpf, Tarockspiel und Radiomusik
– Individualität	– Untergang der Person in der Menge
– Rückkehr zum einfachen, sinnlichen Genuss	– Mittelmäßigkeit und Oberflächlichkeit
– Glaube an überzeitliche Werte	– verantwortungsloses Geschwätz und Getue von Presse und Parteien

Seite 57

5 Lyrik

Seite 58

Aufgabe 1:

Strittmatter:	„Lerche“: Naturlyrik
Hölderlin:	„Abbitte“: Liebeslyrik
Kästner:	„Sachliche Romanze“: Alltagslyrik

Aufgabe 2:

Strittmatter: „Lerche“

Strophenloser Aufbau. Die ersten acht Verse enthalten Aufzählungen ohne finite Verben. Die heimatlichen Singvögel werden beim Namen genannt und mit liebevollen Adjektiven beschrieben. (Pirol = früher: Schulz von Bülow = Klang seines Rufes). Die Vogelnamen werden genannt, um die Vielfalt in der Natur darzustellen.
Im zweiten Teil des Gedichtes wird die Lerche den anderen Vögeln gegenübergestellt. In den letzten vier Zeilen spricht sich das lyrische Ich selbst aus. Die scheinbare Schwerelosigkeit der Lerche und ihr Gesang lassen es das Glück spüren und heben es über seine gewöhnliche, alltägliche Existenz hinaus.

Hölderlin: „Abbitte“

Die Traumgeliebte seiner Dichtung ist die 26-jährige Susette Gontard, deren Sohn er als Hauslehrer erzieht. Er liebt sie und wird wiedergeliebt. Nachdem er ihr Haus verlässt, führt er ein unstetes Leben und versinkt in geistige Umnachtung. Seine „Diotima“ stirbt vier Jahre nach der Trennung.
Die Liebe zu ihr erfüllt den Dichter, er ist glücklich, sie ansehen und in ihrer Nähe sein zu dürfen. Er liebt ihre Art, die Ruhe ihres Wesens, und er fühlt sich schuldig, ihr Leben in Unordnung gebracht zu haben. Er spricht von seiner Ahnung, dass er im Elend enden wird. In den letzten beiden Zeilen versichert er ihr, dass nach ihrer Trennung ihr Leben wieder ungestört und ohne seelischen Schmerz verlaufen wird.

Kästner: „Sachliche Romanze“

Nach achtjähriger Gemeinsamkeit stellt ein Paar die plötzliche Abkühlung seiner Liebe fest. Beide versuchen, diese Erkenntnis zu überspielen. Während die Frau weint, bleibt der Mann sachlich und schlägt vor, in ein Café zu gehen. Sie sitzen bis zum Abend stumm beieinander und versuchen ohne Erfolg das Ende ihrer Liebe zu begreifen.
In chronologischer Reihenfolge läuft das Geschehen ab. Mit vorwiegend parataktischem Satzbau und der häufigen Verwendung der Konjunktion „und“ wird lakonisch der Gefühlszustand konstatiert. Der paradox anmutende Titel wird durch den Inhalt des Gedichtes bestätigt: Eine konkrete Liebesbeziehung erkaltet und endet in Gefühllosigkeit.

Aufgabe 3:

Else Lasker-Schüler: „Weltflucht“

Das kurze einstrophige Gedicht zeigt eine unregelmäßige Form und ungleiche Verslänge. Manche Verse bestehen nur aus einem Wort. Unregelmäßige Reime und ein stockend wirkender Rhythmus lassen das Gedicht nicht liedhaft klingen, sondern prosaisch und stark emotional. Fast jede Verszeile enthält einen parataktischen Satz. Sowohl die Zeilen eins und zwei als auch die Zeilen drei und vier bilden Enjambements, die letzten fünf Zeilen eine Klimax.
Die Form entspricht dem Inhalt. Auffällig ist das Wort „Grenzenlose“. Die Innenwelt der Dichterin bildet einen eigenen Kosmos, in dem sie sich frei und ungezwungen bewegen kann.

Nach dieser Behauptung drückt sie ihre Befürchtungen aus: „Vielleicht ist's schon zu spät zurück!" Die Herbstzeitlose wird mit dem lyrischen Ich verglichen, das schon müde ist durch das viele Leid. Es will nicht mehr in dieser Welt leben, das „Euch" – die Außenwelt – erstickt es. Wie ein Seidenspinner will es Fäden um sich ziehen, damit es geschützt ist vor der Welt. Rhetorische Figuren (figura etymologica: Wirrwarr, beirrend, verwirrend) und Partizipalkonstruktionen (endend, beirrend, verwirrend) bekräftigen die Entschlossenheit des lyrischen Ichs. „Meinwärts" deutet als Wortschöpfung die Richtung der ersehnten Flucht. Die Weltfluchtproblematik, die Probleme des Einzelnen in der Gesellschaft und die unregelmäßige Form des Gedichtes zeigen den Einfluss des Expressionismus auf die Dichterin.

Aufgabe 4:

Karl Kraus nannte Else Lasker-Schüler „die stärkste und unwegsamste lyrische Erscheinung des modernen Deutschland ...", Gottfried Benn bezeichnete sie als „die größte Lyrikerin, die Deutschland je hatte".
Am 11. 2. 1869 als Kind einer jüdischen Familie in Eberfeld geboren, wächst sie wohlbehütet auf. 1894 heiratet sie den Arzt Berthold Lasker und zieht nach Berlin. Nach wenigen Jahren wird die Ehe geschieden. Später heiratet sie den Musikwissenschaftler und Schriftsteller Georg Levin. Sie arbeitet literarisch und künstlerisch an dessen Zeitschrift „Der Sturm" mit. Auch diese Ehe wird geschieden. Obwohl oder gerade weil sie wiederholt unglücklich liebte, schrieb sie wunderschöne Liebesgedichte. Und obwohl sie stets unter dem Schatten des Antisemitismus lebte, besang sie den Geist der Versöhnung aller Religionen. 1932 erhält Else Lasker-Schüler den Kleist-Preis. Ein Jahr später emigriert sie in die Schweiz, dann nach Jerusalem. Am 22. 1. 1945 stirbt sie einsam und mittellos im Exil.

Werke:
1902 „Styx"
1905 „Der siebente Tag"
1907 „Die Nächte Tino von Bagdads" (orientalische Erzählungen)
1911 „Meine Wunder"
1913 „Hebräische Balladen"
1914 „Der Prinz von Theben" und politisch akzentuierte Dramen
1917 Band „Die gesammelten Gedichte"
1943 „Mein blaues Klavier"
1944 „Ich und Ich"

Die Originalausgaben ihrer Werke illustrierte sie selbst. Ihre hohe Kunstfertigkeit erregt Staunen und Bewunderung bis heute. Else Lasker-Schüler gilt als Vorbild für viele schreibende Frauen.

Aufgabe 5:

Heine: „Wir haben viel füreinander gefühlt"

In jeder Zeile wird die erotische Liebe betont: „viel füreinander gefühlt", „Oft Mann und Frau gespielt, gejauchzt und gescherzt", „und zärtlich uns geküßt und geherzt". Mit den monoton wiederholten Perfektfommen „wir haben ..." erinnert sich das lyrische Ich an eine Liebesbeziehung, die zur Entfremdung geführt hat. Nur im letzten Vers wendet sich das lyrische Ich der Gegenwart und der Zukunft zu. Es stellt sachlich fest, dass diese Liebesbeziehung für alle Zeiten beendet ist. Es wird offen gelassen, ob die erotische Liebe eher zur gegenseitigen Entfremdung als zu einer dauerhaften Beziehung geführt oder ob sich die Liebenden durch das „Versteckspiel", also durch mangelnde Aufrichtigkeit, entfremdet haben.
Brentano: „Der Spinnerin Nachtlied"

Er spricht in der ersten Strophe die Sinnenliebe an: Der Gesang der Nachtigall „war wohl süßer Schall, Da wir zusammen waren." Auch hier erinnert sich das lyrische Ich an den ehemaligen Partner voller Sehnsucht, Trauer und Hoffnung. Die Beziehung der beiden Liebenden wurde durch den Tod beendet. Doch in der Erinnerung wird die Liebe zu einer reinen Seelenliebe, die sich mit Gott vereinigt. In der dritten Strophe beschwört das lyrische Ich noch einmal die Erinnerung, wendet sich aber dann der Gegenwart zu, nicht ohne zaghaft an ein Glück in der Zukunft zu hoffen: „Gott wolle uns vereinen."

Seite 59

Aufgabe 6:

individuelle Lösung

Die Hinwendung Goethes und Schillers zur Ballade ist vor allem durch Bemühen um Volkstümlichkeit gekennzeichnet. Goethe gestaltet die Kraft der lebensverbundenen Menschlichkeit im aktiv handelnden Helden.
Balladenjahr: 1797

Aufgabe 7:

individuelle Lösung

Balladenurteil: In der Ballade wird der Wundergläubige zu der Einsicht geführt, dass das Leben sowohl helle als auch dunkle Seiten hat und dass Arbeit und freie Zeit sich ergänzen.

Seite 60

6 Dramatik

Aufgabe 1:

mündlich

Aufgabe 2:

individuelle Lösung

Auf der Bühne steht ein großer runder Tisch, dem man die Spuren der Zeit ansieht. Nur zwei Stühle sind besetzt. Jeschute und Ginevra plaudern bei Gebäck und Tee. Sie unterhalten sich über ihre Lektüre und den vorausgegangenen Abend. Sie beklagen, dass die Männer wieder gestritten und getrunken haben. Auch bemerken beide Frauen an sich die Spuren der Feier: Man sieht ihnen das Alter deutlich an. Darüber geraten sie in eine Meinungsverschiedenheit in Bezug auf die Jugend. Ginevra verteidigt die jungen Leute, denen alles im Leben schwerer gemacht wird, während Jeschute sie für antriebslos hält. Keie, ein Ritter der Tafelrunde, tritt zu ihnen. Nachdem er für alle Kaffee gekocht hat, unterhält er sich mit den Frauen über ihre Lektüre. Dabei entwickelt er seine Vorstellungen, was er von Frauen hält:

Man hat keinen Verstand, dafür hat man Gefühl! Das Gespräch zwischen ihnen nimmt einen immer schärferen Ton an. Keie offenbart sein einseitiges Bild von den Pflichten der Frau, indem er ihr das Recht auf eine eigene Empfindungswelt verweigert. Das Gespräch zeigt die tiefe Kluft zwischen Mann und Frau.

Seite 61

Aufgabe 3:

Münchhausen	**J**ournalist	**W**ort	**W**agner	**W**ondratschek
Inhaltsangabe	**E**rzählung	**O**thello	**A**nekdote	**I**dee
Theater	**D**ramatik	**R**efrain	**Ch**ristian	**R**ilke
	Einflüsse	**T**hema	**S**chlesinger	
	Mode		**E**inleitung	
			Novelle	

Lösung: **„Mit jedem Wort wachsen wir“** (Christian Morgenstern)

Seite 62

E Sprachlich-kommunikative Normen

1 Neuregelung der deutschen Rechtschreibung

1.1 Prinzipien – Regeln – Einzelfestlegungen

Aufgabe 1:

Heer, komm her, Demut, Wehmut, Seele, selig;
Bote, Boote, Moor, Mohr, Hohn, Sohle, Sole;
Balken, backen, buk, Takt, Wrack, Hecke, Hektar

Seite 63

Aufgabe 2:

Platzierung, platzieren, platziert, rauen, anrauen, Raureif, Raufaser; fassen, fasste, gefasst, fasslich, Fassung; fahren, vorgefahren, Fähre, Fuhre, Ausfahr(t)

Aufgabe 3:

keine Musterlösung

Aufgabe 4:

Die Aufgabe kann für die mündliche und schriftliche Ausdrucksschulung genutzt werden (einfache Form des Definierens).

Bank	– Sitzgelegenheit – Kreditinstitut	Ton	– Laut – Verwitterungsrückstand tonhaltiger Silikate
Bar	– Maßeinheit des Luftdruckes – Nachtlokal – Schanktisch – Hafenstadt in Montenegro – Strophenform des Minnegesanges	Mulde	– Vertiefung, geol. Falte – Nebenfluss der Elbe
Atlas	– griech. Sagengestalt – selten für Atlant – Gebirge in Nord-Westafrika – geogr. Karten – Medizin: erster Halswirbel – Seidengewebe	Mull	– Baumwollgewebe – lockerer Humusboden – Goldmull (maulwurfähnlicher Insektenfresser)
Hund	– Tier – Förderwagen (Bergmannssprache auch: Hunt)	Krug	– Gefäß – für Schänke
Elster	– Flussname (Schwarze und Weiße Elster) – Vogel – Kurort (Bad Elster)	Schote	– witzige Geschichte – Segelleine – Fruchtform
		Reis	– dünner Zweig – Getreideart
		Band	– Buch – geh. für Bindung, Fessel – Gewebestreifen – engl. Tanzkapelle
		Gang	– der Gang (Gehweg) – Getriebeübersetzung – engl.-amerik. (Verbrecher)-bande

Seite 64

1.2 Laut-Buchstaben-Beziehungen

1.2.1 Schreibung der Laute

Aufgabe 1:

a, ah, ä, äh		i, ie, ih, ieh	
Währung	die Waage	Beziehung	Sieger
Saat	das Mahl	Brise	Motiv
Paar	das Mal	Prise	Stielkamm
Wahlen	Haar	Riemen	Stilkunde
namhaft	Härchen	Augenlid	Stielauge
Verschalung	bejahen	Volkslied	Fiber (Faser)
Pärchen	bejahrt	Bleistiftmine	Fieberthermometer
Mängelrüge	nämlich	Mienenspiel	Viper (Schlange)
Jubiläum	allmählich	Kupfermine	Gardine
der Wagen	spärlich	Tiger	Nische

o, oo, oh	ai, ei		wider – wieder
Zoll	Arbeitsweise	Feldrain	widersprechen
Tor	Waisenkind	einverleiben	wiederholen
Sohle	Weissagung	Hainleite	widerrechtlich
Sole	Banjosaite	Maid	widerspiegeln
Soll	Seitensprung	Lakai	widerrufen
Sporen	vielseitig	vermeiden	wiedergeben
Spott	Rückseite	Anrainer	Widerhall
Kohl	ein Laib Brot	Laich	Wiederverwertung
Moos	Leibeigene	Laie	Widerspruch
Pol	Leibspeise	Main	Zuwiderhandlung

Seite 65

Aufgabe 2:

Die unterschiedliche Schreibweise der Wörter hängt davon ab, wie ein gesprochenes Wort durch Buchstaben festgehalten wird. Im Idealfall stimmen ein Laut und ein Buchstabe genau überein (Hof, Art).
Zur Schreibung von Lauten muss man wissen,
- ob es sich um einen Vokal oder einen Konsonant handelt,
- ob der Konsonant stimmhaft oder stimmlos gesprochen wird und
- ob der Vokal lang oder kurz gesprochen wird.

Der Punkt unter dem Vokal kennzeichnet die kurz betonte Silbe (Fạng).
Der Strich unter dem Vokal kennzeichnet die lang betonte Silbe (Fa̲ser).

Aufgabe 3:

k, ck		g, gg	
Päckchen	Lack	Wagen	Dogge/Doge
Ecke	Laken	Waggon	Egel
Makel	Bäcker	Eger	Rogen/Roggen
Speck	Ekel	Egge	Flagge
Spuk	Trockner	Schmuggler	Aggregat

Aufgabe 4:

d, t, dt, tt		ent-, end-	-ig, -lich, -isch
Hauptstadt	zusehends	endgültig	geschäftig/-lich
Ruhestätte	eilends	entlaufen	gütig/-lich
Werkstatt	vollends	entgelten	heimisch/-lich
Stadtkämmerer	morgendlich	endlos	zeitig/-lich
Stadtführer	Bekanntschaft	Endspurt	gläubig
Stattlichkeit	Verwandtschaft	Entsagung	täglich
an Kindes statt	Verwandte	Enteignung	höhnisch
an Eides statt	Entgelt	Endverbraucher	neblig
Brandstätte	seid gegrüßt	Entzug	vernünftig
Hafenstädte	Beredsamkeit	Endstation	vierwöchentlich

Seite 66

Aufgabe 5:

Flusssand – Fluss-Sand
Krepppapier – Krepp-Papier
Stillleben – Still-Leben

Seeenge – See-Enge
Kaffeeersatz – Kaffee-Ersatz
Armeeeinheit – Armee-Einheit
fetttriefend, genusssüchtig, stickstofffrei – Getrenntschreibung nicht empfehlenswert

Aufgabe 6:

Die Karikatur verweist auf die Problematik der Laut-Buchstaben-Zuordnung in der deutschen Sprache. Aussprache und Schreibung stimmen nicht immer überein. Der Lehrer versteht nicht, dass das Schreiben von 10 Wörtern mit „ß“ so lange dauert. Der erste Schüler kann die Laute „s“ und „z“ dem Buchstaben „ß“ zuordnen. Der zweite Schüler sucht noch nach einer Lösung. Der dritte Schüler schreibt für jeden Laut auch einen Buchstaben.

Aufgabe 7:

wissen	wusste	gewusst	gießen	goss	gegossen
passen	passte	gepasst	fließen	floss	geflossen
grüßen	grüßte	gegrüßt	beißen	biss	gebissen
büßen	büßte	gebüßt	weißen	weißte	geweißt
küssen	küsste	geküsst	hassen	hasste	gehasst

Seite 67

Aufgabe 8:

Beschlussfassung	Denkprozess	Abschluss	Rasse
Preisnachlass	Misserfolg	Missstand	müßig
Schließfach	Adressbuch	Maßanzug	Pass
Kongresshalle	Flüsschen	Durchlass	dass
energiebewusst	Missgunst	Fitness	muss
Genussmittel	Bänderriss	Flüsse	Biss
ein bisschen	bewusstlos	Flöße	Bass
flussabwärts	aufgepasst	Fleiß	Gnuß
Fasslichkeit	reißfest	Buße	Kloß
anlässlich	Schlusssatz	Busse	floss

Aufgabe 9:

Wenn man „dieses“ oder „welches“ einsetzen kann, schreibt man „s“.

Seite 68

Aufgabe 10:

das – dass
A = Artikel, D = Demonstrativpronomen, K = Konjunktion, R = Relativpronomen

a) Wir stellen leider fest, dass(K) das(A) Unternehmen, das(R) uns empfohlen wurde, das (A) vereinbarte Zahlungsziel nicht eingehalten hat.

b) Wir rechnen damit, dass(K) das(A) Angebot, das(R) uns unterbreitet wurde, unseren Erwartungen entspricht.

c) Es ist mir unverständlich, dass(K) das(A) Baumaterial, das(R) ich bestellt habe, noch nicht eingetroffen ist.

d) Was du nicht willst, das(R) man dir tu, das(D) füg auch keinem andern zu.

e) Dass(K) Sie mir diese Ware rechtzeitig liefern, das(D) kann ich erwarten.

f) Dass(K) du kommst und dass(K) du die Bücher mitbringst, das(D) freut mich sehr.

g) Man machte mir ein Angebot, ohne dass(K) ich darum gebeten hatte.

h) Das(D) bedeutet, dass(K) sie das(D) alles wohl überlegt hat.

i) Die Behauptung, dass(K) wir zu spät geliefert haben und dass(K) die Ware Mängel aufweise, ist unzutreffend.

j) Dass(K) sie dir das(A) Geld nicht zurückgegeben hat, das(R) sie sich geliehen hatte, das(D) enttäuscht mich.

Aufgabe 11:

1	S A A L E	8	V A N I L L E
2	C U R R Y	9	E L L I P S E
3	H E S S E N	10	R A B A T T E
4	R O G G E N	11	K A R A M E L L
5	I D Y L L E	12	E F F E K T E N
6	F A G O T T	13	H E R R N H U T
7	T E P P I C H	14	R E N N S T E I G

Synonym für Korrespondenz

Lösung: S C H R I F T V E R K E H R

Seite 69

1.2.2 Schreibung fremder Wörter

Aufgabe 1:

freie Diskussion zur Entwicklung der Fremdwortschreibung in Bezug auf Zeit und Schreibung an Hand der Übersicht von 1900 bis 2006

Duden 2006

Affäre	– deutsche Schreibung (seit 1915)
Streik	– deutsche Schreibung (seit 1900)
Bukett	– Hauptvariante, Bouquet – Nebenvariante
Kristall	– deutsche Schreibung (seit 1915)
Büro	– sehr wechselhafte Entwicklung, heute deutsche Schreibung, die fremde Schreibung wird nicht mehr erwähnt
Akzent	– deutsche Schreibung (seit 1915)
Korps/Corps	– die Schreibungen sind gleichwertig aktuell
Zement	– deutsche Schreibung (Beginn schon 1900)
Fotografie	– Fotografie = Hauptvariante – Photographie = Nebenvariante
Telegraf	– Telegraf = Hauptvariante Telegraph = Nebenvariante
Telefon	– Telefon = Hauptvariante Telephon = Nebenvariante

Aufgabe 2:

k, kk, ck, c, ch

Cäsar
Café – Kaffee
(verschied. Bedeutung)
Akkumulation
Kassette
Kopie
Schikoree/
Chicoree
Kode/
Code

akkurat
Akademie
Akustik
Akkord
Aktion
Rekorder/
Recorder
Päckchen

Cocktall
Container
Chaos
Klub/
Club
Annonce
Chance
Crash

ph, f, ff, v

Grafik/
Graphik
Delphin/
Delfin
Mikrofon/
Mikrophon
Souffleuse
Philosophie
Referat
effektiv

Triumph
Reservist
Fantasie/
Phantasie
Philharmonie
Phrase
souverän
Diphtherie

t, tt, th, d

Restaurant
Pedant
Ethos
Tunfisch/
Thunfisch

Standard
These
Panter/
Panther
Teleskop

Kabinett
Doktorand
Fabrikant
Ethik

Parkett
Diplomand
Passant
Etui

Summand
Lieferant
Rhythmus
Thriller

Die unterstrichenen Wörter gelten z. Z. als bevorzugte Schreibung.

Seite 70

Aufgabe 3:

Medizin	Computertechnik	Wirtschaft/Verwaltung	Politik
die Diagnose	der Computer	die Konjunktur	die Lobby
die Aorta	das Byte	die Kalkulation	das Parlament
der Diabetes	der Cursor	der Manager	das Votum
das Symptom	der Monitor	der Fonds	das Kommunikee
die Epidemie	die Software	der Export	die Priorität
die Pharmazie	die Diskette	das Ressort	der Ambassadeur
der Bizeps	das Modul	die Rezession	die Koalition
der/das Blackout	der Kode	die Investition	die Opposition
die Prophylaxe	der Tuner	der/das Smalltalk	der Präsident
	das Internet	die Kasko	der Diplomat
			das Referendum

Aufgabe 4:

1. Roboter = elektrisch gesteuerter Automat
2. Champion = Meister in einer Sportart
3. Prise = sehr kleine Menge
4. Skateboard = Rollbrett
5. Bodybuilding = Trainingsmethode zur Ausbildung der Körpermuskulatur
6. Rollladen = Fensterschutz
7. Coiffeur = schweizerisch und gehoben für Friseur
8. Team = Arbeitsgruppe
9. Bouquet = Blumenstrauß
10. Sphäre = Wirkungskreis

Seite 71

1.3 Groß- und Kleinschreibung

Aufgabe 1:

in Bezug – mit Bezug, ins Schwarze treffen – ins Reine bringen, der Erste in der Reihe – der Erste am Ziel, im Besonderen – das Besondere erkennen, beachten Sie Folgendes – Folgendes steht im Brief. Werde ich Recht behalten/recht behalten – oder besteht meine Forderung zu Unrecht? Wollen wir Auto fahren oder Rad fahren?

Beachte: Bis zur Rechtschreibereform gab es viele Sonderfälle und Ausnahmeregeln, in denen Substantive kleingeschrieben werden mussten. Es entstanden eine Vielzahl von Einzelentscheidungen, die auch geübte Schreiber verunsicherten und die nicht logisch waren.

Was ist neu? Der Bereich der Substantive und Substantivierungen ist klarer abgegrenzt. Dem Artikelgebrauch kommt größere Bedeutung zu.

Seite 72

Aufgabe 2:

Beispiel	Begründung	Beispiel	Begründung
Das Betreten	subst. Verb	Jung und Alt	subst. Adjektive zur Bezeichnung von Personen
auf das st/Strengste	Superlativ, Frage: wie?		
betreten	Verb	durch dick und dünn	Adjektive
das Kleingeschriebene	subst. Partizip	die freundlichsten Menschen	Adjektiv (Attribut)
Wesentliches	subst. Adjektiv		
ihr Fernbleiben	subst. Verb	die ehrlichsten	Attribut zu Menschen
Das Entscheidende	subst. Adjektiv	die klügste	Attribut zu Schülerinnen
ihr Wissen und Können	subst. Verben	als Letzter	subst. Zahladjektiv
sicheres Auftreten		Das Übrige	subst. Adjektiv
Jeder Fünfte	subst. Zahladjektiv	Im Großen und Ganzen	subst. Adjektive
nur wenige	Zahladjektiv	bis ins Kleinste	subst. Adjektiv
etwas Geeignetes	subst. Partizip	Recht haben/recht haben	subst. Adverb
aufs Neue	subst. Adjektiv		

Aufgabe 3:

Aus Alt mach Neu

Liebe Frau Ackermann, gern gebe ich Ihnen Auskunft, wie Sie Ihre alte Holzkiste in eine schöne Bauerntruhe verwandeln können.
Als Erstes brauchen Sie dazu feines Schleifpapier, einen Borstenpinsel, eine Spachtel, Gefäße zum Farbenmischen und einfache Tücher oder Lappen. Hinweise zur Technik des Streichens enthält üblicherweise der Beipackzettel zu den gekauften Farben.
Beginnen Sie mit dem Anrauen der zu bemalenden Fläche und wischen Sie danach den Schleifstaub auf das sorgfältigste/Sorgfältigste ab. Zum Anstreichen Ihrer Truhe verwenden Sie am besten Lavendelblau und ein dunkles Blaugrün. Streichen Sie anfangs von innen nach außen. Nach dem Trocknen malen Sie dreimal nebeneinander mit der Schablone eine Ranke in Blaugrün auf die Vorderseite Ihrer Truhe. Als Letztes können Sie auch deren Kanten und ihre Füße in dieser Farbe absetzen.
Wenn Sie nichts außer Acht lassen, erhalten Sie eine stilechte Bauerntruhe. Ich wünsche Ihnen gutes Gelingen.

Es grüßt Sie auf das herzlichste/Herzlichste
Ihr Ratgeber Farbenfroh

Seite 73

Aufgabe 4:

Liebe Bettina,
am Freitagabend waren Jürgen und ich in der wieder eröffneten neuen Oper. Es wurde „Die Zauberflöte“ von Mozart gegeben. Diese Oper gehört wohl mit zum Schönsten, was er je geschrieben hat. Du weißt ja, dass ich Mozart'sche Musik besonders liebe. Für mich war dieser Abend als Ganzes gesehen ein großes Erlebnis. Im Allgemeinen mag Jürgen die Musik nicht so besonders. Er hätte lieber ein Musical gesehen, zum Beispiel „Cats“ oder „Das Phantom der Oper“. Aber auch er fand, dass diese Aufführung das Beste war, was er bisher gesehen und gehört hatte. Sicher mag der eine/Eine oder der andere/Andere das vielleicht anders sehen.
Spätnachts sind wir noch zum Italiener gegangen. Es schien, als wären in dieser Freitagnacht Alt und Jung aus nah und fern nur in diesem Lokal zum Essen verabredet. – Wir trafen auch unseren Schwager Fred. Er kam wie meistens beim Erzählen vom Hundertsten ins Tausendste. Er will beruflich bis auf Weiteres alles beim Alten lassen. Du weißt ja, dass die Abwicklung seiner Firma zu Unrecht erfolgte, obwohl manches im Argen lag. Zur Zeit liest er Texte in Englisch, auch spricht er russisch noch ganz gut. Ich hoffe, dass er über kurz oder lang wieder etwas Geeignetes findet. Übrigens: Ihr kommt doch Sonntagnachmittag?

Grüße an die deinen/Deinen!
Auch für dich/Dich liebe Grüße von
deiner/Deiner Julia

1.4 Getrennt- und Zusammenschreibung

Seite 74

Aufgabe 1:

1. Sie bediente eine computergesteuerte Anlage.
2. Der Dienst habende Wachmann kontrollierte nachts die Lagerhalle (auch: diensthabend).
3. Leistungsbeurteilungen gehören zu den ausbildungsbegleitenden Materialien eines Auszubildenden.
4. Gesucht wird ein berufserfahrener Bauleiter.
5. Der Zeuge machte eine Aufsehen erregende Enthüllung (auch: aufsehenerregend).
6. Der Redner war eine Achtung gebietende Persönlichkeit (auch: achtunggebietend).
7. Erdöl exportierenden/erdölexportierenden
8. Asyl suchende/asylsuchende
9. Daten verarbeitende/datenverarbeitende
10. Der Erlös des Konzertes kam krebskranken Kindern zugute.
11. Laub tragende/laubtragende
12. Der angebotene Tee wurde als durststillendes Mittel bevorzugt.
13. Metall verarbeitende/metallverarbeitende
14. Der Staatsanwalt forderte eine glasklare Aussage.
15. Eine meterdicke Mauer umschloss den Kern der Altstadt.

Seite 75

Aufgabe 2:

1. Der Reisende schlussfolgerte, dass dieser Teil des Landes nur schwach bevölkert sei.
2. Weil der Motor anfing leerzulaufen, musste der Pilot notlanden.
3. Für ihr Kleid wählte sie einen rot gestreiften, für seinen Anzug einen blaugrauen Stoff.
4. Wenn sie sich nicht zusammennimmt, wird sie in der Schule sitzenbleiben.
5. Substantive musst du großschreiben, die übrigen Wortarten werden in der Regel kleingeschrieben.
6. Als der Richter ihn freisprach, konnte er endlich wieder frei sein.
7. Es war ein ernstgemeinter Vorschlag, aber seine Lösung musste offenbleiben.
8. Nach der Wahl wurden die Ergebnisse hochgerechnet und einige voreilige Meldungen wurden richtiggestellt.

Aufgabe 3:

Wir wollen den Weg zusammen laufen. Die Farben sind zusammengelaufen. Der Richter wird den Angeklagten vermutlich freisprechen. Sie kann ohne Manuskript frei sprechen. Seit dem ersten September besucht sie die Berufsschule. Seitdem gibt es keine Beanstandungen. Ich habe so lange gewartet. Ich warte solange, bis du zurückkommst. Er hat so oft von seinen Erlebnissen erzählt. Sooft ich anrufe, lehnt sie ein Gespräch ab. Ich werde dir das Buch morgen wiedergeben. Dieses Modell wird es nicht wieder geben. Ich lasse den Betrag gutschreiben. Sie kann schon recht gut schreiben. Substantive werden großgeschrieben. Auf dem Werbeplakat sollten die Buchstaben groß (größer) geschrieben werden. Ich habe die Unterlagen wiederbekommen. Diese Ausführung des Gerätes wird sie nicht wieder bekommen.

Aufgabe 4:

Zur Schreibung von Straßennamen

1. Zusammenschreibung: Das Bestimmungswort ist ungebeugt.
   Beispiele: Bahnhofsplatz, Fischerring, Rosenweg
2. Getrenntschreibung: Das Bestimmungswort ist gebeugt.
   Beispiele: Cottbusser Allee, Lange Gasse
3. Getrenntschreibung: Die Bestimmung zum Grundwort besteht aus mehreren Wörtern. Man setzt einen Bindestrich.
   Beispiele: Bertolt-Brecht-Chaussee, Carl-von-Ossietzky-Straße
4. Getrenntschreibung: In mehrteiligen Eigennamen mit nicht substantivischen Bestandteilen schreibt man das erste Wort und alle weiteren Wörter – außer Artikel, Konjunktionen und Präpositionen – groß.
   Beispiel: Am Alten Markt.

Der Bereich der Getrennt- und Zusammenschreibung wurde im amtlichen Regelwerk des Rechtschreib-Dudens von 1902 nicht geregelt. Erst ab der 9. Duden-Auflage und in späteren Überarbeitungen des Regelwerkes bildetet sich allmählich ein ganzes Bündel, zum Teil unsystematischer und komplizierter Festlegungen, Zusätze und Ausnahmefälle heraus.
Es entstand ein unklarer, oft widersprüchlicher Schreibgebrauch.
Auch das neue Regelwerk kann nicht in jedem Fall eine eindeutige Schreibanweisung bieten. Bei der Entscheidungsfindung, ob getrennt oder zusammengeschrieben wird, können folgende Empfehlungen hilfreich sein:

- Lässt sich das Adjektiv steigern oder erweitern, schreibt man getrennt.
  Beispiel: eine leicht verständliche Darstellung (weil: sehr äußerst leicht)
- Lässt sich das Adjektiv nicht steigern oder erweitern, schreibt man zusammen.
  Beispiel: die Wahlergebnisse hochrechnen (weil: <u>hoch</u> in diesem Fall nicht steigerbar)
- Wenn die Betonung auf dem ersten Wortteil liegt, schreibt man zusammen.
  Beispiel: jemanden <u>fertig</u>machen, sich <u>frei</u>schwimmen
- Wenn beide Wortteile gleich betont werden, schreibt man getrennt.
  Beispiel: das Gedicht <u>frei</u> <u>sprechen</u>, immer <u>freundlich</u> <u>lächeln</u>

Seite 76

Aufgabe 5:

zusammen	getrennt	mit Bindestrich	ohne Bindestrich
Bahnhofstraße	Berliner Straße	Kaiser-Wilhelm-Allee	Alte Leipziger Straße
Sachsenring	Märkische Allee	Paul-von-Hindenburg-Allee	Am Georgengarten
Humboldtufer	Wolgaster Landstraße	Karl-Marx-Ring	Unter den Linden
Lutherplatz	Wiecker Brücke	August-Bebel-Platz	Im Kiebitzgrund
Kirchgasse	Weißenfelser Straße	Dr.-Kurt-Weinert-Damm	Am Stadtwerk
Rosenweg	Eisenacher Chaussee	Prof.-Dr.-Ulrich-Straße	Zur Alten Bleiche
Fischergasse	Brandenburger Straße	Heinrich-Heine-Weg	An der Rosentreppe
Akazienweg	Potsdamer Allee	Clara-Zetkin-Straße	An der Johannesbrücke
Schulberg	Stiller Winkel	Graf-Stauffenberg-Straße	Zum Alten Hafen
Brauhausweg	Wuppertaler Straße		Am Alten St. Georgenkirchhof
			An der Eigenen Scholle

Aufgabe 6:

individuelle Lösung

Seite 77

1.5 Schreibung mit Bindestrich

Aufgabe 1:

400-m-Lauf	51-Cent-Marke
14-tägig	Bad Salzunger Straße
100 %ig	E.-T.-A.-Hoffmann-Straße
10fach	Sankt-Marien-Kirche
n-fach	Vitamin-C-haltig
x-beliebig	Inline-Skater
20stel	Onelinebetrieb
Abt.-Leiter	DIN-A4-Seite
Ausk.-Büro	Schillerabend, Schiller-Abend
T-Shirt	Formel-1-Rennwagen
Masch.-Schr.	2-kg-Dose
Kfz-Papiere	Make-up-Empfehlungen
EDV-Anlage	8-Stunden-Tag, Achtstundentag
Tee-Ernte	4-Tage-Diät
Jeans-Shorts	Science-Fiction

Seite 78

Aufgabe 2:

Möbelankauf und -verkauf, Natur- und synthetische Gewebe, Gepäckannahme und -ausgabe, Textilgroß- und -einzelhandel, zwei- oder dreifach, Eisenbahnunter- und -überführungen, Elektronikimport- und -exportgeschäfte, ein- und ausladen, Ecke Bahnhof- und Braunschweiger Straße

Aufgabe 3:

Software-Preisliste, Ersatz-Schleifpapierset, Unfallrenten-Bewilligungsbescheid, Autotransport-Versicherungspolice, Musik-Erleben, Musiker-Leben, Blumentopf-Erde, Werkbank-Komplettset, Milliardenbau-Investitionsprogramm, Dampfschifffahrts-Kapitänspatent

Aufgabe 4:

individuelle Lösung

Seite 79

1.6 Worttrennung am Zeilenende

Aufgabe 1:

Häu-ser	Ei-fer	Mit-tag
Las-ten	Leo	Wett-turnen
Wes-pe	Adel	Roh-heit
We-cker	wa-rum/war-um	Drechs-ler
Bau-er	da-rüber/dar-über	Rau-heit
Ofen	Acker	kom-plett
Was-ser	Blö-cke	wähle-risch
Au-ge	Treue	Haus-flur
flüs-tern	he-raus/ her-aus	Vor-trag
Hun-ger	hi-nab/ hin-ab	kämpf-ten

Aufgabe 2:

bisherige Trennung	neue Trennung	bisherige Trennung	neue Trennung
Zy-klus	Zyk-lus/Zy-klus	Klein-od	–
Chir-urg	Chi-rurg/Chir-urg	Prä-gnanz	Präg-nanz/Prä-gnanz
Si-gnal	Sig-nal	Apo-theke	–
Pro-blem	Prob-lem	Hypo-thek	–
Fe-bru-ar	Feb-ru-ar	Pro-spekt	–
Hy-drant	Hyd-rant/Hy-drant	Ko-gnak	Kog-nak/Ko-gnak

Seite 80

Aufgabe 3:

Sprech-erziehung	Spiel-eröffnung
Spar-gelder	Text-illustration
Altbau-erhaltung	be-erben
Rohr-ende	be-inhalten
See-ufer	bei-geben
be-stehende	An-denken
Geister-bahn	an-nageln
Un-natur	Planken-zaun
Modera-torin	

Aufgabe 4:

individuelle Lösung

2 Grammatische Normen

2.1 Wortarten und Wortformen

Aufgabe 1:

Flexion – Beugung, Regeln zur Formveränderung bestimmter Wortarten

Konjugation – Formveränderung des Verbs nach Person, Numerus (Zahl), Tempus (Zeit), Aktiv, Passiv (Handlungsart), Modus (Aussageweise)

Wortveränderungen: Person und Numerus werden durch Personalpronomen und Endungen gekennzeichnet.
Beispiel: Ich gehe, du gehst, er geht, wir gehen

Deklination – grammatische Fommveränderung bei Substantiven, Adjektiven und Pronomen in Bezug auf Kasus und Numerus

Wortveränderungen: Die Beugung kann erfolgen durch Änderung des Stammvokals,
z. B. Hafen – Häfen, Haus – Häuser, gesund – gesünder;
und durch Flexionsendungen
z. B. Kindes, Kinder, schöne, schönes, schönem, schönen.

Flektierbare (veränderliche) Wortarten

Konjugierbar

Wortart	Beispiel
Verb Tätigkeitswort/ Zeitwort	berichten, wachsen dulden
Hilfsverb	haben, sein, werden

Seite 81

Deklinierbar

Wortart	Beispiel
Substantiv Dingwort	Buch, Julia Freiheit
Adjektiv Eigenschaftswort	genau, fleißig zwei,
Artikel Geschlechtswort	der, die, das
Pronomen Fürwort	ich, du, er

Nicht flektierbare Wortarten

Wortart	Beispiel
Präposition Verhältniswort	durch, für, ohne
Konjunktion Bindewort	und, dass, weil
Adverb Umstandswort	heute, meist, darum

Aufgabe 2:

Flektierbar					Nicht reflektierbar
Verb	**Substantiv/ Substantivierungen**	**Artikel**	**Adjektiv**	**Pronomen**	
können, sein, ist, gehört, gebracht, wird, verschlechtert, droht	Minuten, Eintreffen, Arztes, Verletzten, Helfer, Körperhaltung, Zustand, Erstickungsgefahr	die, des der, der	ersten entscheidend schnelles richtiges wichtig	einen eine sein ihm keine	bis, zum, für, und, deshalb, dazu, auch, dass, in, in, sich, nicht, und

Seite 82

Aufgabe 3:

Die deutsche Sprache unterscheidet drei Geschlechter: Maskulinum, Femininum und Neutrum. Oft stimmen das natürliche Geschlecht und das grammatische Geschlecht nicht überein. Feste Regeln zum Erkennen des grammatischen Geschlechts der Substantive gibt es nicht. Der Rat kann also nur lauten sich das Geschlecht eines Substantivs einzuprägen. Bei einigen Substantiven mit bestimmten Endungen und bei Substantiven bestimmter Sachgruppen ist eine Zuordnung des Geschlechts möglich.

Zusammenstellung von Endungen, an denen man das Geschlecht eines Substantivs erkennen kann.

Endungen Maskulina	Beispiele	Endungen Feminina	Beispiele
-ig	Käfig, Honig, König	-ei	Plauderei, Schneiderei, Bücherei
-ling	Fremdling, Prüfling, Fäustling	-in	Freundin, Löwin, Lehrerin
-ich	Teppich, Bottich, Fittich	-keit	Bitterkeit, Eitelkeit, Kleinigkeit
-s	Schnaps, Klaps, Knicks	-schaft	Herrschaft, Freundschaft, Eigenschaft
-ist	Artist, Jurist, Pianist	-ung	Nahrung, Besserung, Achtung
-ant	Garant, Fabrikant, Musikant	-heit	Schönheit, Einheit, Kindheit

Endungen Neutra	Beispiele
-chen	Mädchen, Bäumchen, Wäldchen
-lein	Fräulein, Ringlein, Rehlein
-icht	Röhricht, Dickicht, Tannicht
-tel	Drittel, Viertel, Sechstel
-tum	Brauchtum, Eigentum, Bistum

Aufgabe 4:

Zeitform	wählen	empfohlen
Präsens	du wählst	du empfiehlst
Präteritum	du wähltest	du empfahlst
Perfekt	du hast gewählt	du hast empfohlen
Plusquamperfekt	du hattest gewählt	du hattest empfohlen
Futur I	du wirst wählen	du wirst empfehlen
Futur II	du wirst gewählt haben	du wirst empfohlen haben

Aufgabe 5:

Er ist ein gewissenhafter und treuer Mitarbeiter. Infolge seines entschlossenen und schnellen Handelns wurde ein Unfall abgewendet. Trotz ernster und nachdrücklicher Mahnung und mehrerer gut gemeinter Ratschläge begab er sich allein auf die Bergwanderung. Es geschah ohne mein Wissen. Wir lasen Johann Wolfgang von Goethes Werke. Die Sprechstunde des Medizinalrats Professor Dr. Wittig beginnt um 14:00 Uhr. Wir probieren einen Becher edlen Weines. Ihrem Wunsch zufolge reisten wir einen Tag später ab. Zufolge ihres Wunsches reisten wird einen Tag später ab. Wir gingen den Waldrand entlang.

Aufgabe 6:

Positiv (Grundstufe)	Komparativ 1. Steigerungsstufe	Superlativ Höchststufe
voll	voller	am vollsten
schön	schöner	am schönsten
bedeutend	bedeutender	am bedeutendsten
viel	mehr	am meisten
leer	–	–
bald	eher	am ehesten
gut	besser	am besten
lebendig	–	–
rot	–	–

Im ursprünglichen Sinn lassen sich „leer“, „lebendig“ und „rot“ nicht steigern: (Was leer ist, kann nicht leerer sein.)

In übertragener Bedeutung ist ein Vergleich möglich.

Beispiele: Die Straßen sind heute **leerer** als gestern.
Dieser Vortrag zeichnete sich durch eine **lebendigere** Darstellung der Reiseerlebnisse aus.
Sie war am **rötesten** (Sonnenbrand).

Aufgabe 7:

individuelle Lösung

Aufgabe 8:

Beispiel	Bedeutung	Beispiel	Bedeutung
das Bord	Wandbrett	der Bord	Schiffsrand
das Bund	Gebinde	der Bund	Hosenbund
der Flur	Korridor	die Flur	gehoben für Feld und Flur
der Gehalt	Inhalt, Wert	das Gehalt	Arbeitsentgelt
der Marsch	schneller Gehschritt	die Marsch	angeschwemmter fruchtbarer Boden
der Kristall	mineral. Körper	das Kristall	geschliffenes Glas
der Moment	Augenblick	das Moment	Umstand, Merkmal
das Paternoster	Vaterunser	der Paternoster	ständig umlaufender Aufzug
das Steuer	Lenkvorrichtung	die Steuer	Abgabe
der Verdienst	Einkommen	das Verdienst	anerkennenswertes Verhalten

Aufgabe 9:

der/die Abscheu	das/der Cartoon	der/das Poster	der/das Bonbon	der/das Meter
das/der Barock	das/der Joghurt	der/das Radar	der/das Virus	der/das Liter
das/der Biotop	die/der Kren	der/das Curry	der/das Trikot	der/das Dekor

Seite 83

2.2 Der einfache Satz und seine Interpunktion

Aufgabe 1:

finites Verb
a) **Sie** **vergaß** die Firma **zu benachrichtigen**.
Subjekt Prädikat Prädikatsteil

finites Verb
b) **Hat** **der Kunde** schon den Meister **angerufen**?
Prädikat Subjekt Prädikatsteil

finites Verb
c) **Die Mannschaft** **wird** das Spiel **gewonnen haben**.
Subjekt Prädikat Prädikatsteil

Aufgabe 2:

prädikativer Rahmen
a) **Wird** der Staatsanwalt noch diesen Monat Anklage **erheben**?
finites Verb infinites Verb

prädikativer Rahmen
b) Der neue Weg **soll** Radfahrern und Fußgängern vorbehalten **werden**.
finites Verb infinites Verb

prädikativer Rahmen
c) Mit mehr Kapital **kann** das Wachstum der Kleinbetriebe gefördert **werden**.
finites Verb infinites Verb

Seite 84

Aufgabe 3:

Beispielsatz	Frage	Art der Bestimmung
a) Wir treffen uns in München.	Wo?	Lokalbestimmung
b) Sie studiert drei Jahre.	Wie lange?	Temporalbestimmung
c) Der Auszubildende arbeitet vorbildlich.	Wie?	Modalbestimmung
d) Sie jubelte vor Freude.	Warum?	Kausalbestimmung

Aufgabe 3:

Beispielsatz	Frage	Art der Bestimmung
a) Wir gedenken der Verunglückten.	Wessen?	Genitivobjekt
b) Er überreichte dem Sieger die Blumen.	Wem?	Dativobjekt
c) Der Präsident ehrte die Sportler.	Wen oder was?	Akkusativobjekt
d) Sie klagte auf Schadensersatz.	Worauf?	Präpositionalobjekt

Aufgabe 5:

Julia	freut sich	dieses Jahr	besonders	auf die Schiffsreise.
Subjekt	*Prädikat*	*Temporalbestimmung*	*Modalbestimmung*	*Präpositionalobjekt*

Gemeinsam	gedachten	sie	der Opfer	des Krieges.
Modalbestimmung	*Prädikat*	*Subjekt*	*Genitivobjekt*	*Attribut zum Objekt*

Der Betriebsarzt	verhandelte	mit der Geschäftsleitung	über neue Tarife.
Subjekt	*Prädikat*	*Präpositionalobjekt*	*Präpositionalobjekt*

Die deutsche	Rechtschreibung	wurde	neu	geregelt	und
Attribut	*Subjekt*	*Prädikat*	*Modalbestimmung*	*Prädikatsteil*	

behutsam	dem veränderten	Sprachgebrauch	angepasst.
Modalbestimmung	*Attribut*	*Dativobjekt*	*Prädikatsteil*

Seite 85

Aufgabe 6:

Beispiel	Wortart	Beispiel	Wortart	Beispiel	Wortart
Weshalb	Adv.	und	Konj.	ihren	Pron.
ich	Pron.	sie	Pron.	Knospenschuppen	Subst.
keine	Pron.	schwebt	Verb	Silbergrau	Adj.
Rute	Subst.	wie	Konj.	und	Konj.
brach	Verb	das	Artikel	grünsamten	Adj.
mein	Pron.	Flügelroß	Subst.	hingen	Verb
Pferd	Subst.	der	Artikel	sie	Pron.
ging	Verb	alten	Adj.	gleich	Adj.
schlecht	Adj.	Dichter	Subst.	Kleinschmetterlingen	Subst.
zögerte	Verb	durch	Präp.	an	Präp.
bei	Präp.	den	Artikel	den	Artikel
jedem	Pron.	Wald	Subst.	Saftstraßen	Subst.
Schritt	Subst.	ich	Pron.	der	Artikel
scheute	Verb	wollte	Verb	Zweige	Subst.
und	Konj.	mir	Pron.	und	Konj.
buckelte	Verb	eine	Artikel	jeder	Pron.
der	Artikel	Gerte	Subst.	Zweig	Subst.

Beispiel	Wortart	Beispiel	Wortart	Beispiel	Wortart
Frühling	Subst.	brechen	Verb	war	Verb
saß	Verb	Birken	Subst.	seit	Präp.
ihm	Pron.	Haseln	Subst.	dem	Artikel
im	Präp.	Eschen	Subst.	vergangen	Adj.
Leibe	Subst.	und	Konj.	Herbst	Subst.
in	Präp.	Buchen	Subst.	beschäftigt	Verb
so	Adv.	hielten	Verb	wohlgeformte	Adj.
einem	unbest. Artikel	mir	Pron.	Blätter	Subst.
Falle	Subst.	ihre	Pron.	anzufertigen	Verb
brauchte	Verb	Reiser	Subst.	ich	Pron.
ich	Pron.	hin	Adv.	ließ	Subst.
der	Artikel	aber	Konj.	meine	Pron.
Stute	Subst.	auf	Präp.	Stute	Subst.
nur	Adv.	allen	Indefinitpronomen	gehen	Verb
ein	Artikel	traten	Verb	wie	Konj.
Rütchen	Subst.	junge	Adj.	sie	Pron.
zu	Infinitivkonj.	Blätter	Subst.	wollte	Verb
zeigen	Verb	aus	Präp.		

Bestimmung der Satzglieder:

Beispielsatz	Satzglieder
Mein Pferd	Subjekt mit Attribut
ging	Prädikat
schlecht	Modalbestimmung
zögerte, scheute, buckelte	Prädikate
bei jedem Schritt	Temporalbestimmung
Der Frühling	Subjekt
saß	Prädikat
ihm	Dativobjekt
im Leibe	Lokalbestimmung
In so einem Falle	Kausalbestimmung
brauchte … zu zeigen	Prädikat
ich	Subjekt
der Stute	Dativobjekt
nur ein Rütchen	Akkusativobjekt
und sie	Subjekt
schwebt	Prädikat
wie das Flügelroß	Modalbestimmung
der alten Dichter	Attribut zu Flügelroß
alten	Attribut zu Dichter
durch den Wald	adverbiale Ergänzung

Beispielsatz	Satzglieder
Ich	Subjekt
wollte … brechen	Prädikat
mir	Dativobjekt
eine Blume	Akkusativobjekt
Birken, Haseln, Eschen, Buchen	Subjekte
hielten … hin	Prädikat
mir	Dativobjekt
ihre Reiser	Akkusativobjekt
ihre	Attribut zu Reiser
auf allen	Lokalbestimmung
traten	Prädikat
junge Blätter	Subjekt und Attribut
aus ihren Knospenschuppen	Lokalbestimmung
Silbergrau und grünsamten	Modalbestimmung
hingen	Prädikat
sie	Subjekt
gleich Kleinschmetterlingen	Modalbestimmung
an den Saftstraßen	Lokalbestimmung
der Zweige	Attribut zu Saftstraßen
jeder Zweig	Subjekt mit Attribut
war … beschäftigt	Prädikat
seit dem vergangen Herbst	Temporalbestimmung mit Attribut
wohlgeformte Blätter	Objekt mit Attribut
anzufertigen	Prädikatsteil
Ich	Subjekt
ließ … gehen	Prädikat
meine Stute	Akkusativobjekt mit Attribut
wie sie	Subjekt
wollte	Prädikat

Aufgabe 7:

Erwin Strittmatter war ein sehr guter Beobachter der Natur:
„… auf allen (Zweigen) traten Blätter aus ihren Knospenschuppen … Silbergrau und grünsamten hingen sie … an diesen Saftstraßen der Zweige, … jeder Zweig war … beschäftigt, wohlgeformte Blätter anzufertigen.“

Der Erzähler liebt die Natur, sieht das Wiedererwachen zu neuem Leben und will diesen Vorgang nicht stören. Einen Zweig brechen hieße, das neu entstehende Leben wieder zu vernichten.
Deshalb bricht er keine Rute ab und lässt seine Stute gehen, wie sie wollte.

Aufgabe 8:

Eine hilfsbereite, freundliche Mitarbeiterin, neue wissenschaftliche Erkenntnisse, ein nasser, kalter Sommer, die älteste menschliche Siedlung, eine unhöfliche, langsame Bedienung, interessante (,) neue geologische Forschungsergebnisse, eine unzufriedene, empörte Kundin, eine teure medizinische Behandlung, dunkles böhmisches Bier, der höher liegende steinige Kammweg

Seite 86

Aufgabe 9:

1. Manfred von Ardenne, <u>ein berühmter Forscher</u>, lebte in Dresden.
2. Alle Wirtschaftsbereiche werden vom Internet, <u>dem internationalen Computernetzwerk</u>, erobert.
3. Sie stellte ihren Freund, <u>einen angehenen Geologen</u>, vor.
4. Wir öffnen wöchentlich zweimal, <u>und zwar dienstags und donnerstags</u>.
5. Frau Winter, <u>unsere Geschäftsführerin</u>, und Herr Bauer, <u>Mitglied des Personalrates</u>, begrüßten die Gäste. (2 Personen).
6. Petra, meine Freundin und ich wollen gemeinsam verreisen. (3 Personen).

Aufgabe 10:

1. Wir sind von Erfurt, Lange Straße 7 nach Eisenach, Bergstr. 18 umgezogen.
2. Wir verkaufen sowohl Eisenwaren als auch Porzellan, aber keine Textilien.
3. Einige Schüler(,) wie Franke und Dietke(,) erreichten hervorragende Ergebnisse.
4. Die Beratung findet am Freitag, dem 14.05.20.., 16:00 Uhr im Raum 4 statt.
5. Sie können uns täglich(,) außer montags und sonnabends(,) erreichen.
6. Informieren Sie sich in der Straßenverkehrsordnung, Satz 5, Abs. 2 § 4.
7. Diese Regel finden Sie im Rechtschreib-Duden, 24., völlig neu bearbeitete und erweiterte Auflage, Seite 72, K 100-113.
8. Die Verluste im Zweigbetrieb waren erheblich größer als im Stammbetrieb.
9. Wir müssen eine Lösung finden, und das sofort.
10. Frau Berger(,) geborene Hasler(,) bewirbt sich um die ausgeschriebene Arbeitsstelle.
11. Viele Touristen, besonders englische und französische, aber auch japanische besuchten das Brandenburger Tor.
12. Bei diesem Angebot habe ich sowohl Geld als auch Zeit gespart.

2.3 Zusammengesetzte Sätze und ihre Interpunktion

Seite 87

Aufgabe 1:

a) Das Spiel ist beendet und die Zuschauer verlassen das Stadion.
b) Entweder bezahlen Sie sofort oder wir schicken Ihnen eine Rechnung.
c) Vor dem Gesetz sind Mann und Frau gleich, aber in der Praxis wurde diese Forderung bisher nur teilweise verwirklicht.
d) Ihr Angebot ist beeindruckend, jedoch die Kosten sind zu hoch.
e) Ihre Klage vor Gericht hat weder eine berufliche Veränderung bewirkt noch konnte sie ihre persönlichen Probleme damit lösen.
f) Die Einkommensunterschiede wurden nicht beseitigt, sondern sie haben sich noch verschärft.
g) Sie verließen die Badeanstalt, denn es war kühler geworden.

Aufgabe 2:

Bestimmung der Nebensätze nach Stellung, äußerer Form und Inhalt

finites Verb finites Verb
↓ ↓
1. Der Vorwurf, <u>dass wir zu spät lieferten</u>, ist unzutreffend.

Stellung: Zwischensatz, Einleitung: Konjunktionalsatz
Inhalt: Attributsatz

finites Verb finites Verb
↓ ↓
2. Wir glaubten, <u>dass wir richtig entschieden</u> <u>haben</u>.

Stellung: Nachsatz, Einleitung: Konjunktionalsatz
Inhalt: Objektsatz

finites Verb finites Verb
↓ ↓
3. <u>Wer regelmäßig</u> <u>übt</u>, wird Erfolg haben.

Stellung: Vordersatz, Einleitung: Relativsatz
Inhalt: Subjektsatz

finites Verb finites Verb
↓ ↓
4. <u>Obwohl die Kontrollen erhöht wurden</u>, kam es zu weiteren Unfällen.

Stellung: Vordersatz, Einleitung: Konjunktionalsatz
Inhalt: Konzessivsatz

finites Verb ↓ … finites Verb ↓

5. Überlegen Sie bitte, <u>ob diese Lösung richtig ist</u>.

Stellung: Nachsatz, Einleitung: Konjunktionalsatz
Inhalt: Objektsatz

finites Verb ↓ … finites Verb ↓

6. Sie wird mehr lernen müssen, <u>damit sie das Ausbildungsziel erreicht</u>.

Stellung: Nachsatz, Einleitung: Konjunktionalsatz
Inhalt: Finalsatz

finites Verb ↓ … finites Verb ↓

7. Der LKW-Fahrer überwindet die Steigung, <u>indem er beschleunigt anfährt</u>.

Stellung: Nachsatz, Einleitung: Konjunktionalsatz
Inhalt: Modalsatz

finites Verb ↓ finites Verb ↓

8. <u>Nachdem er die Daten geprüft hatte</u>, gab er sie in den Computer ein.

Stellung: Vordersatz, Einleitung: Konjunktionalsatz
Inhalt: Temporalsatz

finites Verb ↓ finites Verb ↓

9. Dort, <u>wo die Unstrut in die Saale fließt</u>, liegt die Stadt Naumburg.

Stellung: Zwischensatz, Einleitung: Relativsatz
Inhalt: Lokalsatz

finites Verb ↓ … finites Verb ↓

10. <u>Würdest du konzentrierter arbeiten</u>, hättest du mehr Erfolg.

Stellung: Vordersatz, Einleitung: nicht eingeleiteter Nebensatz
Inhalt: Konditionalsatz
Vergleiche: Wenn du konzentriert arbeiten würdest, …

finites Verb ↓ … finites Verb ↓

11. Wird der Termin nicht eingehalten, sind die Ansprüche rechtsungültig.

Stellung: Vordersatz, Einleitung: nicht eingeleitet
Inhalt: Konditionalsatz
Vergleiche: Wenn der Termin nicht eingehalten wird, ...

finites Verb ↓ finites Verb ↓

12. Bewerber, die in die engere Wahl kommen, werden umgehend benachrichtigt.

Stellung: Zwischensatz, Einleitung: Relativsatz
Inhalt: Attributsatz

Seite 88

Aufgabe 3:

Regeln zur Zeichensetzung im zusammengesetzten Satz

Die Einteilung der Nebensätze

1. nach der Stellung zum übergeordneten Satz
   Es werden unterschieden Vordersatz, Zwischensatz, Nachsatz.

   Beispiel: Weil sie die Anforderungen | erfüllte |, wurde ihr Gehalt erhöht.

   Nebensatz, Vordersatz — finite Verbform

2. Nach der äußeren Form

   Konjunktionalsätze: Sie werden mit einer unterordnenden Konjunktion eingeleitet, z. B. sobald, bis, ehe, als, bevor, dass, so dass, da, weil, damit.

   | Er sagte, dass er sie liebe. |

   Relativsätze: Sie werden mit einem Relativpronomen (bezügliches Fürwort) oder Relativadverb eingeleitet,
   z. B. der, die, das, wer, was, welche, welcher, welches, worauf, womit.

   | Kennst du das Buch, das dort liegt? |

   Indirekte Fragesätze: Sie werden mit einem Fragewort eingeleitet, z. B. wie, wann, warum, was, wozu, ob.

   | Sie fragte, wo die Feier stattfinden soll? |

Ohne Einleitungswort: Hat sie Recht, wird sie das Geld zurückerhalten.
(Wenn sie Recht hat, wird …)

Erweiterte Infinitivgruppen: Sie hoffe das Spiel zu gewinnen.
Erweiterte Infinitivgruppe

Erweiterte Partizipialgruppen: Über die Lösung nachdenkend vergaßen wir die Zeit.
Erweitertes Partizip

3. Nach ihrem Inhalt

Nebensätze übernehmen die Funktion eines Satzgliedes (deshalb Gliedsatz).
Sie sind daher Subjekt-, Prädikativ-, Objekt- oder Adverbialsätze.
Attributsätze sind Gliedteilsätze.
Nebensätze kann man mit Hilfe des übergeordneten Satzes erfragen.

Vergleichen Sie dazu Abschnitt 2.2 zur Bestimmung des Satzgliedes.

4. Nach ihrem Abhängigkeitsgrad

Jeder vom Hauptsatz abhängige Nebensatz ist ein Nebensatz 1. Grades. Der auf den 1. Nebensatz bezogene weitere Nebensatz ist ein Nebensatz 2. Grades usw.

Beispiel:	Ich vermute,	dass es für sie leichter ist,	seit sie weiß,	was sie erwartet.
		Nebensatz 1. Grades	Nebensatz 2. Grades	Nebensatz 3. Grades

Weil sie die Flut überraschte und weil die Deiche brachen, gab es großes Leid.

Nebensatz 1. Grade — Nebensatz 1. Grades

Arbeitsblatt – Zeichensetzung

Aufgaben: Unterstreichen Sie die Hauptsätze. Setzen Sie die Kommas.

1. Damit ein Brief bewirkt was sein Verfasser erreichen will bedarf es einiger sprachlicher und intellektueller Voraussetzungen.

2. Wortwahl und Stil also die Art und Weise wie etwas formuliert wird lassen die Beziehungen der Briefpartner zueinander erkennen.

3. Wer die Sprache benutzt um zweckbestimmte Aufgaben zu lösen ist verpflichtet die Anforderungen an das Formulieren von Texten zu beachten.

4. Der Anteil der Werktätigen die für die Textverarbeitung einen Computer benutzen ist gemessen an der gesamten erwerbstätigen Bevölkerung ständig gestiegen.

5. Obwohl der Computer von seiner Konzeption her geeignet ist Zahlen zu verarbeiten hat man festgestellt dass er ebenso häufig zum Schreiben benutzt wird.

6. Man erspart sich mit dem Computer viel Arbeit und Papier Texte können nicht nur gespeichert sondern jederzeit wieder verwendet werden Fehler werden sofort korrigiert und einzelne Zeichen Wörter oder Absätze lassen sich in verschiedenen Schriften ausdrucken.

7. Wer aus beruflichen Gründen den Umgang mit dem Computer erlernen möchte und wer einen schnellen Einstieg erreichen will bewältigt dies am besten in einem Anfängerkurs den viele Bildungseinrichtungen anbieten.

8. Die Unterzeichnerstaaten der Europäischen Union erklärten dass sie in dem anbrechenden neuen Zeitalter europäischer Beziehungen nicht mehr Gegner sind sondern dass sie neue Partnerschaften aufbauen und einander die Hand zur Freundschaft reichen wollen.

9. Die Euro-Münzen auf denen der Münzwert in großen Ziffern eingeprägt ist gibt es in acht verschiedenen Ausführungen die mit europäischen Symbolen geschmückt sind.

10. Während die kleinsten Münzen 1 Euro Cent 2 Euro Cent 5 Euro Cent einen Globus zeigen der Europas Lage in der Welt markiert sind auf den drei größeren Euro Cent-Münzen die Umrisse der EU-Staaten abgebildet.

Arbeitsblatt – Lösung

Aufgaben: Unterstreichen Sie die Hauptsätze. Setzen Sie die Kommas.

1. Damit ein Brief bewirkt, was sein Verfasser erreichen will, bedarf es einiger sprachlicher und intellektueller Voraussetzungen.

2. Wortwahl und Stil, also die Art und Weise, wie etwas formuliert wird, lassen die Beziehungen der Briefpartner zueinander erkennen.

3. Wer die Sprache benutzt, um zweckbestimmte Aufgaben zu lösen, ist verpflichtet die Anforderungen an das Formulieren von Texten zu beachten.

4. Der Anteil der Werktätigen, die für die Textverarbeitung einen Computer benutzen, ist(,) gemessen an der gesamten erwerbstätigen Bevölkerung(,) ständig gestiegen.

5. Obwohl der Computer von seiner Konzeption her geeignet ist(,) Zahlen zu verarbeiten, hat man festgestellt, dass er ebenso häufig zum Schreiben benutzt wird.

6. Man erspart sich mit dem Computer viel Arbeit und Papier, Texte können nicht nur gespeichert, sondern jederzeit wieder verwendet werden. Fehler werden sofort korrigiert(,) und einzelne Zeichen, Wörter oder Absätze lassen sich in verschiedenen Schriften ausdrucken.

7. Wer aus beruflichen Gründen den Umgang mit dem Computer erlernen möchte und wer einen schnellen Einstieg erreichen will, bewältigt dies am besten in einem Anfängerkurs, den viele Bildungseinrichtungen anbieten.

8. Die Unterzeichnerstaaten der Europäischen Union erklärten, dass sie in dem anbrechenden neuen Zeitalter europäischer Beziehungen nicht mehr Gegner sind, sondern dass sie neue Partnerschaften aufbauen und einander die Hand zur Freundschaft reichen wollen.

9. Die Euro-Münzen, auf denen der Münzwert in großen Ziffern eingeprägt ist, gibt es in acht verschiedenen Ausführungen, die mit europäischen Symbolen geschmückt sind.

10. Während die kleinsten Münzen, 1 Euro Cent, 2 Euro Cent, 5 Euro Cent, einen Globus zeigen, der Europas Lage in der Welt markiert, sind auf den drei größeren Euro Cent-Münzen die Umrisse der EU-Staaten abgebildet.

Aufgabe 4:

Mobbing macht krank

1. Deutsche Ärzte haben Mobbing, den Psychoterror am Arbeitsplatz durch Vorgesetzte und Kollegen,(1) als zunehmend gefährliches,(2) brisantes Gesundheitsproblem eingeschätzt.
   (1) Die Apposition wird in zwei Kommas eingeschlossen.
   (2) Gleichartige Satzglieder (Aufzählungen) werden durch Komma getrennt.

2. Mobbing macht auf Dauer nicht nur seelisch, sondern auch körperlich krank.
   Das Komma steht vor entgegensetzenden Konjunktionen.

3. Obwohl seit langem darauf hingewiesen wird, wurde Mobbing als Ursache einer Krankheit bisher kaum in Betracht gezogen.
   Das Komma trennt Nebensatz und Hauptsatz.

4. Ärzte forderten(,)(1) das Erkennen und Behandeln von Mobbing-Opfern in die ärztliche Weiterbildung einzubeziehen(,) und schätzen ein,(2) dass es in Deutschland bereits Millionen Mobbing-Opfer gebe.
   (1) Der erweitere Infinitiv kann zum besseren Verständnis des Satzes in zwei Kommas eingeschlossen werden.
   (2) Das Komma trennt Hauptsatz und Nebensatz.

5. Hohe Krankenstände, Frühpensionierungen, verminderte Leistung, Fehlzeiten oder Kündigungen belasten damit Unternehmen und Sozialkassen.
   Gleichartige Satzglieder (Aufzählungen) werden durch Kommas getrennt.

6. Weil der Leistungsdruck ständig zunimmt,(1) weil Vorgesetzte sich mitunter inkompetent verhalten und weil Mitarbeiter ständig um ihren Arbeitsplatz bangen,(2) sei ein Ende nicht abzusehen.
   (1) Das Komma trennt zwei Nebensätze gleichen Grades.
   (2) Das Komma trennt Nebensatz und Hauptsatz.

7. Unternehmen, Gewerkschaften,(1) Krankenkassen sind aufgefordert(,)(2) Maßnahmen gegen Mobbing am Arbeitsplatz zu ergreifen.
   (1) Gleichartige Satzglieder werden durch Kommas getrennt.
   (2) Zur besseren Lesbarkeit des Gesamtsatzes kann vor dem erweiterten Infinitiv ein Komma gesetzt werden.

Aufgabe 5:

individuelle Lösung

Seite 89

3 Lexikalisch-semantische Normen

3.1 Bedeutungsbeziehungen im Wortschatz

Aufgabe 1:

Wortpaare	Bedeutungsbeziehung
Bildschirm – Monitor	Synonymie
Datenträger – Diskette	Bedeutungsüberordnung
fakultativ – obligatorisch	Antonymie
Weltall – Kosmos	Synonymie
Tiger – Raubkatze	Bedeutungsunterordnung
Gesicht – Antlitz	Synonymie (unterschiedliche Stilschichten)
Zitrone – Apfelsine	Bedeutungsnebenordnung
Theorie – Praxis	Antonymie

Aufgabe 2:

- *zurückhaltend*, höflich, entgegenkommend, abweisend, aufgeschlossen, freundlich, offen, ehrlich, intelligent, risikofreudig
- *antworten*, entgegnen, erwidern, sagen, sprechen, reden, feststellen, erläutern, mitteilen
- vermuten, meinen, denken, überlegen, nachsinnen, bedenken, nachdenken

Aufgabe 3:

Nebengeordnete Unterbegriffe:	Oberbegriffe:
Banane, Orange, Zitrone, Apfelsine, Ananas	Südfrucht
Norden, Westen, Süden, Osten	Himmelsrichtung
Mantel, Anzug, Kostüm, Jacke, Blazer	Oberbekleidung
Auto, Boot, Fahrrad, Motorrad, Flugzeug	Fortbewegungsmittel
Bibliothek, Zoo, Museum	öffentliche Einrichtung
Schallplatte, Magnetband, CD, DVD	Tonträger
Schule, Universität, Fachschule, Hochschule	Biidungseinrichtung
Schwester, Vater, Bruder, Mutter, Sohn, Tochter	Verwandte
Fax, E-Mail, Telegramm, Brief, SMS	Nachrichtensendung
Zeitschrift, Buch, Zeitung, Broschüre	Druckerzeugnis
Rundfunk, Fernsehen, Presse	Massenmedien

Seite 90

Aufgabe 4:

	Begründung
1. Internist – Gynäkologe – Orthopäde – Physiotherapeut Urologe – Hals-Nasen-Ohren-Arzt	kein Mediziner
2. Kanal – Fluss – See – Bach – Strom	kein fließendes Gewässer
3. Fluss – Meer – Kanal – Bach – Ozean	kein natürliches Gewässer
4. Ulme – Eiche – Lärche – Buche – Kastanie	kein Laubbaum
5. Forelle – Wels – Hai – Delfin – Aal	kein Fisch
6. Motorrad – Lkw – Pkw – D-Zug – Autobus	kein Straßenfahrzeug
7. Brot – Butter – Fleisch – Teigwaren – Spirituosen – Käse	kein Nahrungsmittel
8. Buch – Zeitschrift – Video – Zeitung – Broschüre	kein Druckerzeugnis

3.2 Wortbedeutung und Wortgebrauch

Aufgabe 1:

lieferbar/lieferfähig
Die Ware ist *lieferbar. (kann geliefert werden)*
Der Betrieb ist *lieferfähig. (kann liefern)*

glaubhaft/glaubwürdig
Der Angeklagte konnte *glaubhaft* nachweisen, dass er nicht am Tatort war. *(sodass man ihm glauben kann)*
Er hatte *glaubwürdige* Zeugen beigebracht. *(denen man glauben kann)*

krankhaft/kränklich
Schon seit Jahren war sie *kränklich. (zum Kranksein neigend, häufig krank)*
Seine *krankhafte* Eifersucht war nicht mehr zu ertragen. *(wie eine Krankheit, über ein normales Maß hinausgehend)*

ansprechend/ansprechbar
Nach dem Unfall war er für kurze Zeit nicht *ansprechbar. (kann nicht angesprochen werden)*
Das Geschäft bietet *ansprechende* Kleidung an. *(spricht an, attraktiv)*

verständig/verständlich
Der Vortrag war für alle Teilnehmer *verständlich. (gut zu verstehen)*
Für ihr Alter ist die Kleine schon sehr *verständig. (vernünftig)*

gewinnend/gewinnbringend/Gewinn bringend
Seit einiger Zeit arbeitet der Betrieb *gewinnbringend/Gewinn bringend. (Gewinn erwirtschaftend)*
Ihr *gewinnendes* Lächeln hat alle bezaubert. *(andere für sich gewinnen)*

vierzehntägig/vierzehntäglich
Der Unterricht findet nicht wöchentlich, sondern nur *vierzehntäglich* statt. *(alle 14 Tage)*
Sie befindet sich auf einem *vierzehntägigem* Lehrgang. *(14 Tage dauernd)*

scheinbar/anscheinend
Der Autofahrer hatte *anscheinend* die Gewalt über sein Fahrzeug verloren. *(es hat den Anschein, sieht so aus, vermutlich)*
Die Aussagen standen *scheinbar* im Widerspruch. *(nur dem Schein nach, nicht wirklich)*

einsichtig/einsehbar
Die Straße war nach allen Seiten hin gut *einsehbar. (kann eingesehen werden)*
Bei der Belehrung zeigte er sich *einsichtig. (sieht alles ein)*

Seite 91

Aufgabe 2:

Fond: Hintergrund; Rücksitz im Wagen; ausgebratener Fleischsaft **Fonds**: Geldmittel, -vorrat; Anleihen	**Referenz**: Beziehung; Empfehlung **Reverenz**: Ehrerbietung
physiologisch: die Lebensvorgänge im Organismus betreffend **psychologisch**: seelische Vorgänge betreffend	**rational**: vernünftig, begrifflich, fassbar **rationell**: zweckmäßig, wirtschaftlich
psychisch: seelisch **physisch**: natürlich; körperlich	**chronologisch**: zeitlich geordnet **chronisch**: langsam verlaufend; langwierig; umgangssprachlich für dauernd
Astronomie: wiss. Stern-, Himmelskunde **Astrologie**: Sterndeutung	**Reservoir**: Sammelbecken, Behälter **Reservat**: großes Freigehege für gefährdete Tierarten
Konversation: gesellige Unterhaltung, Plauderei **Konservation**: (veraltet) Erhaltung; Instandhaltung	**theologisch**: auf die systematische Auslegung und Erforschung einer Religion bezogen **teleologisch**: durch den Zweck bestimmt, aus der Zweckmäßigkeit der Welt, zweckhaft
real: wirklich, tatsächlich **reell**: anständig, ehrlich; ordentlich **Mediation**: Vermittlung eines Staates in einem Konflikt zwischen anderen Staaten; Vermittlung zwischen Streitenden **Meditation**: Nachdenken; sinnende Betrachtung; religiöse Versenkung	**Exitus**: (Med.) Tod **Exodus**: Auszug der Kinder Israels aus Ägypten (das 2. Buch Moses); Auszug, Verlassen eines Raumes usw. (in Bezug auf eine größere Anzahl von Menschen)

Aufgabe 3:

prä-/Prä- („vor"): *prähistorisch* (vorgeschichtlich); Präambel (Vorrede); Präfix (Vorsilbe); präkolumbianisch (die Zeit vor der Entdeckung Amerikas durch Kolumbus betreffend); pränatal (der Geburt vorausgehend)

post-/Post- („nach"): *postkolonialistisch* (nach der Kolonialzeit); postmortal (nach dem Tode eintretend); postoperativ (nach der Operation eintretend)

anti-/Anti- („gegen"): *antirassistisch* (gegen den Rassismus gerichtet); Antialkoholiker (Alkoholgegner); antiautoritär (autoritäre Normen ablehnend); Antibiotikum (biolog. Wirkstoff gegen Krankheitserreger)

pro-/Pro- („für", „vor"): *proamerikanisch* (für Amerika); profaschistisch (dem Faschismus zuneigend); prokommunistisch (dem Kommunismus zuneigend); Pronomen (Fürwort); Prolog (Vorwort, Vorspiel)

mono-/Mono- („allein"): *Monokultur* (einseitiger Anbau einer bestimmten Wirtschafts- oder Kulturpflanze); Monogamie (Zusammenleben mit nur einem Geschlechtspartner); monokausal (auf nur einer Ursache beruhend); Monolog (Selbstgespräch); Monotheismus (Glaube an einen einzigen Gott)

bi-/Bi- („zwei", „doppelt"): *bilateral* (zweiseitig); Bigamie (Doppelehe); bipolar (zweipolig); bisexuell (doppelgeschlechtig)

poly-/Poly- („viel"): *polytechnisch* (viele Zweige der Technik umfassend); polyglott (vielsprachig, viele Sprachen sprechend); Polygamie (Mehr-, Vielehe); Polyfonie (Mehrstimmigkeit)

multi-/Multi- („viel" „mehrfach", „vielfach"): *multimedial* (viele Medien betreffend, berücksichtigend); multifunktional (vielen Funktionen gerecht werdend); multikulturell (viele Kulturen, Angehörige mehrerer Kulturen umfassend, aufweisend); multinational (aus vielen Nationen bestehend); Multimillionär (mehrfacher Millionär)

Aufgabe 4:

bio-/Bio-: *biologisch* (die Biologie betreffend; natürlich, die Natur nicht schädigend); Biochemie (Lehre von den chemischen Vorgängen in Lebewesen); Biogas (bei der Zersetzung von Mist o. Ä. entstehendes Gas); Biografie (Lebensbeschreibung); Biokost (Kost, die nur aus natürlichen, nicht mit chemischen Mitteln behandelten Nahrungsmitteln besteht); Biomüll (organische Abfälle); Biosphäre (gesamter irdischer Lebensraum der Pflanzen und Tiere); Biotechnik (Nutzbarmachung biologischer Vorgänge)

öko-/Öko-: *ökonomisch* (wirtschaftlich; die Ökonomie betreffend); Ökonomie (Wirtschaftlichkeit; Lehre von der Wirtschaft); ökologisch (die Beziehungen der Lebewesen zur Umwelt betreffend); Ökologie (Lehre von den Beziehungen der Lebewesen zur Umwelt); Ökoladen (Laden, in dem nur umweltfreundliche Waren verkauft werden); Ökosystem (zwischen Lebewesen und ihrem Lebensraum bestehende Wechselbeziehung)

euro-/Euro-: *europäisch* (Europa betreffend); Europa (Kontinent); europaweit (in ganz Europa); Europapokal (internationale Sporttrophäe); Euro (europäische Währungseinheit); Eurocheque (bei Banken zahlreicher europäischer Länder einlösbarer Scheck); Eurocityzug (europaweit verkehrender Intercityzug); Eurotunnel (unter dem Ärmelkanal); Eurowährung (gemeinsame Währung der Europäischen Währungsunion)

Aufgabe 5:

Verb	Substantiv(e)	Adjektiv/Partizip
korrigieren	die Korrektur, der Korrektor	korrekt, korrigiert
revidieren	die Revision	revidiert
projektieren	das Projekt, der Projektant	projektiert
projizieren	die Projektion, der Projektor	projiziert
korrodieren	die Korrosion	korrodiert
abstrahieren	die Abstraktion	abstrakt
konstruieren	die Konstruktion, der Konstrukteur	konstruiert, konstruktiv
investieren	die Investition	investiert, investiv
argumentieren	die Argumentation	argumentativ
konkurrieren	die Konkurrenz, der Konkurrent	konkurrierend
prognostizieren	die Prognose	prognostiziert, prognostisch
konzipieren	das Konzept, die Konzeption	konzipiert, konzeptionell
infizieren	die Infektion	infiziert, infektiös
standardisieren	der Standard, die Standardisierung	standardisiert
subventionieren	die Subvention	subventioniert
tolerieren	die Toleranz	tolerant
praktizieren	die Praxis	praktiziert, praktisch

Seite 92

Aufgabe 6:

surfen (im Internet): sich im Internet bewegen durch Ausnutzen der weltweiten Verknüpfungen (wie beim Wellenreiten)	**Datenautobahn**: Einrichtung zur schnellen Übertragung großer Datenmengen
abstürzen; Absturz: Zusammenbrechen laufender Anwendungen	**Virus** *(in der EDV meist der)*: ein verstecktes Programm, das zur teilweisen oder völligen Zerstörung der vorhandenen Daten führt
Speicher: der Teil des Computers, der die Informationen trägt	**Schnittstelle**: Verbindungsstelle zweier Geräte- oder Anlagenteile
Fenster: spezielle Zugangsmöglichkeiten in einer Benutzeroberfläche	**Befehl**: Anweisung an den Computer, eine bestimmte Aufgabe zu erfüllen
Maus: kleines technisches Gerät zur Steuerung eines Pfeils auf dem Bildschirm	**Oberfläche**: vereinfachte Zugangsmöglichkeit oberhalb des eigentlichen Programms
Keyboard: Tastatur	**aufrüsten**: durch Austausch und zusätzliche Hardware-Komponenten die Leistungsfähigkeit des Computers erhöhen
heruntertaden: Daten aus dem Internet auf den Arbeitsplatzcomputer übertragen	**Portal**: Website, die als Einstieg ins Internet dient

Aufgabe 7:

Fachwort	Erläuterung	Fachwort	Erläuterung
Arbeitsspeicher	Speicher für die laufende Arbeit, dessen Inhalte beim Ausschalten des PCs gelöscht werden (vergleichbar mit dem Kurzzeitgedächtnis)	Surfen	Ausnutzen der weltweiten Internet-Verknüpfungen
Byte	Zusammenfassung von acht Bits	CD-ROM	Nur-Lese-Speicher auf CD, Inhalt nur abzulesen, nicht zu verändern
Computer	programmgesteuerte, elektronische Rechenanlage, Rechner	Brenner	Geräte zum Beschreiben von CDs oder DVDs
DVD	einer CD ähnlicher Datenträger mit mehr Speicherplatz	Motherboard	Trägerplatine des Computers, auf der die Hauptelemente untergebracht sind
Festplatte	Teil des Computers, auf dem alle Programme und Daten gespeichert sind	World Wide Web (WWW)	die grafische Oberfläche des Internets, durch Verweise kann man sich von Dokument zu Dokument bewegen

Fachwort	Erläuterung	Fachwort	Erläuterung
Gigabyte (GB, GByte, Gbyte)	= 1024 Megabyte	Downloaden	Herunterladen von Daten aus dem Internet auf den Computer
Gigahertz (GHz)	1 Milliarde Hertz; Maßeinheit der Frequenz	Laserdrucker	„schreibt" Zeichen mit programmgesteuertem Laserstrahl auf eine Spezialfolie
Internet	internationales Computernetzwerk mit Millionen angeschlossenen Computern	Bit	Informationseinheit
Laufwerk	Antrieb des Computers	Soundkarte	Erweiterung des Computers, mit deren Hilfe der Rechner Musik, Sprache oder Geräusche wiedergeben kann
Megabyte (MB, MByte, Mbyte)	= 1024 Kilobyte oder 1048576 Byte	Modem	Gerät zur Datenübertragung über Fernsprechleitungen
Monitor	Bildschirm, Kontrollgerät	DSL	Sammelbegriff für bestimmte Datenleitungen
Multimedia	Zusammenwirken verschiedener Medientypen (Texte, Bilder, Grafiken, Tonsequenzen, Animationen, Videoclips) in einem System, in dem diese Informationen gespeichert, präsentiert und manipuliert werden können	Grafikkarte	das für das Bild auf dem Monitor verantwortliche Bauteil
nachrüsten	die Leistungsfähigkeit durch Austausch oder zusätzliche Komponenten erhöhen	Online-Dienste	Computer, der per Modem oder ISDN zum Nachrichtenaustausch mit anderen Nutzern angewählt wird
online	in direkter Verbindung mit der Datenverarbeitungsanlage arbeitend	Drucker	peripheres Gerät zum Ausdrucken von Texten, Grafiken usw.
Prozessor	zentraler Teil einer Datenverarbeitungsanlage	Tintenstrahldrucker	setzt Buchstaben und Bilder aus feinen Tintentröpfchen zusammen, die aus feinen Düsen auf das Papier gespritzt werden
Speicherkapazität	Leistungsfähigkeit des Computers, gemessen in Byte	Provider	Anbieter von direktem Zugang zum Internet über lokale Telefon-Einwählpunkte

Aufgabe 8:

- **Vorzüge**: internationale Verständigung; Englisch als Hauptsprache der Computerbranche
- **Nachteile**: Bedeutung des englischen Fachwortes lässt sich nicht erschließen, wenn man die Sprache nicht beherrscht; keine Möglichkeit der Anknüpfung an die allgemeinsprachliche Bedeutung

4 Stilistisch-kommunikative Normen

Seite 93

4.1 Verstöße gegen sprachlich-kommunikative Normen

Aufgabe 1:

1. *Im Jahre … habe ich den Facharbeiterbrief abgelegt.*
   Fehler: falsche Wortwahl: Facharbeiterbrief wird erworben, eine Prüfung wird abgelegt
   Verbesserung: … habe ich den Facharbeiterbrief erworben/habe ich die Facharbeiterprüfung abgelegt.
2. *Einen Einbruch erlebte ich im Fach Mathematik.*
   Fehler: in offziellen Texten sind umgangssprachliche Formulierungen wie einen Einbruch erleben nicht angemessen.
   Verbesserung: Im Fach Mathematik waren meine Leistungen (stark) abgefallen.
3. *Ich wurde in dem schönen Städtchen W. geboren.*
   Fehler: zu emotional-subjektiv für offiziellen Lebenslauf
   Verbesserung: Ich wurde in W. geboren.
4. *Nach der Lehre hatte ich keinen Bock mehr in meinem Beruf weiterzumachen.*
   Fehler: jugendsprachliche bzw. umgangssprachliche Wendungen wie *keinen Bock haben* sind im Lebenslauf oder Bewerbungsschreiben unangemessen; *weitermachen* ist ebenfalls umgangssprachlich
   Verbesserung: … hatte ich keine Lust mehr …/… wollte ich nicht mehr in meinem Beruf arbeiten …/… hatte ich kein Interesse mehr.
5. *Deshalb habe ich mich zu einer Umschulung entschieden.*
   Fehler: falscher präpositionaler Anschluss bzw. falsches Verb *(sich entscheiden für etwas/sich entschließen zu etwas)*
   Verbesserung: … habe ich mich zu einer Umschulung entschlossen/für eine Umschulung entschieden.
6. *Viel Spaß hatte ich immer bei der Kundenbetreuung, deshalb möchte ich mich um diese Stelle bewerben.*
   Fehler: unangemessene Wortwahl
   Verbesserung: Viel Freude bereitete mir immer die Kundenbetreuung.

7. *Ich brauche für Freitag eine Freistellung von der Schule.*
   Fehler: umgangssprachlich
   Verbesserung: Ich bitte um .../beantrage ...

Aufgabe 2:

	Fehler	Korrektur
1. *Den Weißstörchen nimmt sich die Sendung „In Sachen Natur“ an.*	Objekt im falschen Fall (Dativ statt Genitiv)	Der Weißstörche ...
2. *Drei Tage nach der rätselhaften Attacke erlag das Mädchen ihren schweren Kopfverletzungen, teilte die Polizei gestern mit.*	Verletzung der grammatischen Kongruenz zwischen Bezugswort *(das Mädchen)* und Possessivpronomen *(ihren)* hinsichtlich des grammatischen Geschlechts	... erlag das Mädchen seinen schweren Kopfverletzungen
3. *Die Vernissage ist täglich von 10 bis 18 Uhr geöffnet.*	falsche Wortwahl (*Vernissage* ist die Ausstellungseröffnung)	Die Ausstellung ...
4. *Nachmittags 17 Uhr: An der Tankstelle herrscht das allmorgendliche Chaos.*	falsche Wortwahl	..., das allabendliche (oder etwas umständlicher: allnachmittägliche)/das übliche
5. *Der Hengst Solon gewann auf Jockei Peter S. am gestrigen Sonntag den Europa-Preis auf der Kölner Galopprennbahn.*	Vertauschung von Subjekt und Adverbialbestimmung oder falsche Präposition	Der Jockei Peter S. gewann auf Hengst .../Der Hengst Solon gewann mit Jockei ...
6. *Die Abtei existiert schon seit 1089. Die Mönche pflanzten Rebstöcke an Berghängen. Eine Heidenarbeit.*	falsches Bild, übertragene Bedeutung wird wieder aktuell und führt zu Widerspruch *(Mönche – Heiden)*	Eine mühselige/anstrengende Arbeit.
7. *Über den Bruder von Rennfahrer Michael Schumacher: Ralf ist drei Zentimeter größer als Michael, allerdings weder verheiratet noch liiert.*	durch einschränkendes Adverb (allerdings) werden Merkmale (Familienstand und Größe/äußere Beschaffenheit) verbunden, die nicht auf gleicher logischer Ebene liegen	als selbstständige Aussagen formulieren: Ralf ist drei Zentimeter größer als Michael. Er ist weder verheiratet noch liiert.
8. *Springreiten unter dem Eiffelturm gibt es seit dem 18. Jahrhundert.*	sachlich falsch: der Eiffelturm wurde 1889 errichtet	... an der Stelle, wo sich heute/seit 1889 der Eiffelturm befindet

	Fehler	Korrektur
9. *Auf dem Mars hat es vor drei Milliarden Jahren möglicherweise außerirdisches Leben gegeben.*	inhaltliche Verdoppelung (außerirdisch ist alles Leben außerhalb der Erde)	... Leben gegeben.
10. *Zuvor hatten Prominente Gelegenheit, in privatem Rahmen dem erschossenen Designer zu gedenken.*	Objekt im falschen Fall (Dativ statt Genitiv)	... des erschossenen Designers ...
11. *Dem Mann wurden eine Blutprobe und der Führerschein abgenommen.*	bei Verknüpfung von zwei Wendungen mit unterschiedlicher Bedeutung des Verbs darf die Verbform nicht ausgespart werden	... wurde eine Blutprobe abgenommen, sein Führerschein wurde eingezogen (um eine Wiederholung des Verbs zu vermeiden)
12. *Das tote Tier blieb in den Leitungen hängen und verendete.*	Attribut *tot* ist falsch: *verenden* schließt Merkmal „tot" als Endzustand ein, aber das Tier war zu Beginn des Vorgangs noch nicht tot	Das Tier blieb in den Leitungen hängen und verendete.
13. *Die neue Ausstellung wurde von der Öffentlichkeit mit großem Interesse aufgenommen. Erstmals im Laufe der vergangenen 20 Jahre wurde ein Wachstum an Einzelbesuchern festgestellt.*	falsche Wortwahl: *Wachstum* ist Vorgang, *Zuwachs* benennt wachsende Anzahl	... Zuwachs an Einzelbesuchern ...

Seite 94

4.2 Aufräumen mit stilistischen Vorurteilen

Aufgabe 1:

- Wie bereits telefonisch vereinbart ...
  In unserem Schreiben vom ...
- Hiermit weisen wir nochmals nachdrücklich darauf hin, dass ...
  Wir informieren Sie bereits heute ...

Seite 95

Aufgabe 2:

Sachverhalt	Betreff
1. Sie beantragen, am Freitag, dem 5. November 20.., vom Unterricht freigestellt zu werden, weil Ihre Schwester heiratet.	Antrag auf Freistellung vom Unterricht am 5.11.20..
2. Sie bitten darum, dass Ihnen Material zugesandt wird, mit dem Sie sich informieren können.	Bitte um Zusendung von Informationsmaterial
3. Sie wollen das Abonnement einer Zeitschrift zum nächstmöglichen Termin kündigen.	Kündigung des Abonnements zum nächstmöglichen Termin
4. Sie bitten darum, dass geprüft wird, ob Ihnen Kosten für die Fahrt erstattet werden können.	Bitte um Prüfung der Fahrtkostenerstattung
5. Ein Anwalt beantragt, die Akten eines Mandanten einsehen zu dürfen.	Antrag auf Akteneinsicht
6. Sie wollen ein fehlerhaftes Gerät reklamieren.	Reklamation (eines fehlerhaften Gerätes)
7. Ein Marktanalyseinstitut lädt dazu ein, an einer nationalen Verbraucherbefragung teilzunehmen.	Einladung zur Teilnahme an einer (nationalen) Verbraucherbefragung

Aufgabe 3:

1. Bitte um Beschleunigung der Bearbeitung eines Wohngeldantrages Ich bitte darum, dass mein Wohngeldantrag beschleunigt bearbeitet wird.
2. Antrag auf Prüfung eines Entschädigungsanspruchs Ich beantrage, dass mein Entschädigungsanspruch geprüft wird.
3. Verpflichtung des Betriebes zur Wiederbegrünung des Bergbaugeländes nach Beendigung des Kohleabbaus Der Betrieb ist verpflichtet, nach Beendigung des Kohleabbaus das Bergbaugelände wieder zu begrünen.
4. Bitte um Benutzung der beiliegenden Formblätter Wir bitten darum, die beiliegenden Formblätter zu benutzen.
5. Möglichkeit zur Rücksendung der Ware bei Nichtgefallen Sollte Ihnen die Ware nicht gefallen, können Sie sie an uns zurücksenden.
6. Information der Bankkunden über den Umzug der Filiale Richard-Wagner-Platz in den Promenaden-Hauptbahnhof Leipzig zum 12. November 2006 Wir informieren unsere Kunden darüber, dass unsere Filiale Richard-Wagner-Platz am 12. November 2006 in den Promenaden-Hauptbahnhof Leipzig umzieht.

Seite 96

Aufgabe 4:

1. Die Vereinbarung, die im letzten Jahr mit dem Fremdenverkehrsamt getroffen worden ist, …   Die im letzten Jahr mit dem Fremdenverkehrsamt getroffene Vereinbarung …
2. Der Beschluss, der von den Stadtverordneten auf der gestrigen Sitzung einstimmig gefasst worden ist, …   Der von den Stadtverordneten auf der gestrigen Sitzung einstimmig gefasste Beschluss …
3. Die Meinung, die von den anwesenden Vereinsmitgliedern vertreten wird, …   Die von den anwesenden Vereinsmitgliedern vertretene Meinung …
4. Die Konsequenzen, die sich daraus ergeben, dass sich der Termin verzögert hat, …   Die sich aus der Terminverzögenung ergebenden Konsequenzen …
5. Der Bebauungsplan, der seit einem Monat im Rathaus ausliegt, …   Der seit einem Monat im Rathaus ausliegende Bebauungsplan …

Aufgabe 5:

1. Über die auf der gestrigen Sitzung der Stadtverordneten gefassten Beschlüsse werden wir noch ausführlich berichten.   Über die Beschlüsse, die auf der gestrigen Sitzung der Stadtverordneten gefasst worden sind, werden wir noch ausführlich berichten.
2. Der mit großer Mehrheit der Versammelten beschlossene Bebauungsplan kann jetzt eingesehen werden.   Der Bebauungsplan, der mit großer Mehrheit der Versammelten beschlossen worden ist, kann jetzt eingesehen werden.
3. Die ursprünglich für einen Monat geplante Sperrung der Hauptstraße konnte vorfristig aufgehoben werden.   Die Sperrung der Hauptstraße, die ursprünglich für einen Monat geplant war, konnte vorfristig aufgehoben werden.
4. Der am Institut für Deutsche Sprache in Mannheim 1997 gegründeten Zwischenstaalichen Kommission für deutsche Rechtschreibung gehörten Fachleute aus Deutschland, Österreich und der Schweiz an.   Der Zwischenstaatlichen Kommission für deutsche Rechtschreibung, die am Institut für Deutsche Sprache in Mannheim 1997 gegründet worden ist, gehörten Fachleute aus Deutschland, Österreich und der Schweiz an.
5. Die mit der Untersuchung des Bestechungsvorwurfs beauftragte Kommission ist zu folgendem Ergebnis gekommen: …   Die Kommission, die mit der Untersuchung des Bestechungsvorwurfs beauftragt worden war, ist zu folgendem Ergebnis gekommen: …

Aufgabe 6:

bei verbaler Ausdrucksweise	bei nominaler Ausdrucksweise
sprechen über	das Gespräch über
denken an	der Gedanke an
sich entscheiden für	die Entscheidung für
informieren über	die Information über
hoffen auf	die Hoffnung auf
streben nach	das Streben nach
nachdenken über	das Nachdenken über
sich beziehen auf	der Bezug auf
sich beschäftigen mit	die Beschäftigung mit
fragen nach	die Frage nach
sich einigen auf/über	die Einigung auf/über
warnen vor	die Warnung vor
sich beschränken auf	die Beschränkung auf
appellieren an	der Appell an
reagieren auf	die Reaktion auf
sich fürchten vor	die Furcht vor

Seite 97

Aufgabe 7:

1. *Als Mitglied des Fördervereins tragen Sie mit Ihrer Beitragszahlung am Bestehen und dem Ausbau des Vereins bei.*
   Nein: … ***zum*** *Bestehen und* ***zum*** *Ausbau des Vereins …*

2. *Sie werden vom Liefertermin rechtzeitig informiert*
   Nein: … ***über*** *den Liefertermin …*

Aufgabe 8:

1. Deshalb muss eine Umleitung des Verkehrs vorgenommen werden. Deshalb muss der Verkehr umgeleitet werden.
2. In hartnäckigen Fällen muss eine Behandlung des Flecks mit einem Fleckentferner erfolgen. In hartnäckigen Fällen muss der Fleck mit einem Fleckentferner behandelt werden.
3. Hiermit mache ich Ihnen die Mitteilung, dass wir eine Preisherabsetzung vorgenommen haben. Hiermit teile ich Ihnen mit, dass wir den Preis herabgesetzt haben.
4. Am Nachmittag findet ein Besuch der Gemäldeausstellung statt. **Oder**: Am Nachmittag besuchen wir die Gemäldeausstellung.
5. Die Prüfung der Ware erfolgt unmittelbar bei der Lieferung. Die Ware wird unmittelbar bei der Lieferung geprüft.
6. Die Zustellung des Pakets erfolgt durch die Post. Das Paket wird durch die Post zugestellt.
7. Entschuldigen Sie die Verzögerung der Bearbeitung Ihrer Überweisung. Entschuldigen Sie bitte, dass sich die Bearbeitung Ihrer Überweisung verzögert hat.

Aufgabe 9:

abschließen/zum Abschluss bringen/kommen
Ich schließe die Arbeit ab. (neutrale Aussage, aktivisch)

Ich bringe die Arbeit zum Abschluss.
(stärkere Betonung des Vorgangs, der auf das Ende gerichtet ist)

Die Arbeit kommt zum Abschluss.
(Passiv vermieden, Handelnder nicht genannt, Vorgang betont)

abstimmen/zur Abstimmung bringen/zur Abstimmung kommen/gelangen
Die Abgeordneten stimmen über das Gesetz ab.
(aktivische Handlung)

Der Bundesrat bringt das Gesetz zur Abstimmung.
(Veranlassen des Vorgangs durch Bundesrat betont)

Das Gesetz gelangt heute zur Abstimmung.
(Passiv vermieden, Vorgang betont)

Aufgabe 10:

1. Das Stadtreinigungsamt führt am 1. Januar des nächsten Jahres eine neue Gebührenordnung ein. Am 1. Januar des nächsten Jahres wird (vom Stadtreinigungsamt) eine neue Gebührenordnung eingeführt.
2. Wegen Bauarbeiten sperrt das Straßenverkehrsamt die Brücke für den Autoverkehr. Wegen Bauarbeiten wird die Brücke (vom Straßenverkehrsamt) für den Autoverkehr gesperrt.
3. Der Kulturdezernent eröffnete gestern die Ausstellung zur Stadtgeschichte. Die Ausstellung zur Stadtgeschichte wurde gestern (vom Kulturdezernenten) eröffnet.
4. Die Versammlungsteilnehmer brachen ihre Beratung nach mehrstündiger Debatte ohne Ergebnis ab. Nach mehrstündiger Debatte wurde die Beratung ohne Ergebnis abgebrochen.
5. Die Lehrgangsleitung hat die Teilnehmer schriftlich über ihre Prüfungsergebnisse informiert. Die Teilnehmer sind (von der Lehrgangsleitung) schriftlich über ihre Prüfungsergebnisse informiert worden.
6. Durch Veränderungen in der Verwaltung spart man 30 Millionen EUR. Durch Veränderungen in der Verwaltung werden 30 Millionen EUR gespart.
7. Man wählt den Präsidenten für eine Amtszeit von vier Jahren. Der Präsident wird für eine Amtszeit von vier Jahren gewählt.
8. Nachdem man das Ergebnis der Abstimmung festgestellt hatte, konnten die Teilnehmer Fragen stellen. Nachdem das Ergebnis der Abstimmung festgestellt worden war, konnten (von den Teilnehmern) Fragen gestellt werden. (oder 2. Teilsatz im Aktiv belassen)

Seite 98

Aufgabe 11:

1. Die Sitzhöhe sollte verstellt werden können, sie sollte verstellbar sein.
2. Diese Ausgaben können von der Steuer abgesetzt werden, sie sind abzugsfähig.
3. Auf diese Grundsätze kann nicht verzichtet werden, sie sind unverzichtbar.
4. Zinsen müssen bei der Einkommensteuer berücksichtigt werden, sie sind einkommensteuerpflichtig.
5. Die Aufteilung der Fächer kann variiert werden, sie ist variabel.
6. Diese Verpackung kann recycelt werden, sie ist recycelbar/recycelfähig.
7. Ein Irrtum, der nicht verziehen werden kann, ist ein unverzeihlicher Irrtum.
8. Ein Risiko, das nicht vermieden werden kann, ist ein unvermeidliches Risiko.
9. Der Entwurf muss noch verbessert werden, er ist verbesserungsbedürftig.
10. Der Vorschlag kann akzeptiert werden, er ist akzeptabel.

Seite 99

Aufgabe 12:

Bedeutung: nicht oder nur ungenau bekannt

Aussprache: nicht bekannt; fremd oder der deutschen Aussprache angepasst, z. T. beide Varianten erlaubt, dann mitunter unterschiedliche Formenbildung *(die Balkons/die Balkone)*

Schreibung: nicht bekannt; fremd oder eingedeutscht, z. T. beide Varianten erlaubt *(Graphik/Grafik; Phantasie/Fantasie)*

Formenbildung: nicht genau bekannt; fremd oder dem Deutschen angepasst, z. T. zwei oder noch mehr Varianten möglich *(die Kommata/die Kommas; des Atlas/des Atlasses, die Atlanten/die Atlasse)*

Aufgabe 13:

Experten besinnen sich auf alte Polikliniken

Bei dem Versuch, die Kostenlawine im Gesundheitswesen in den Griff zu bekommen, kam den Teilnehmern eines Expertenforums der Techniker-Krankenkasse Sachsen vieles bekannt vor. Denn was bei der Konferenz im Dresdner Hotel Westin-Bellevue von Fachleuten als neue Erfahrungen aus den USA und aus der Schweiz vorgestellt wurde, sind im Grunde nur Variationen des vom deutschen Mediziner-Papst Virchow einst erdachten und in der DDR erfolgreich praktizierten Systems der Polikliniken. In dieser Einschätzung waren sich die rund 150 Ärzte, Apotheker, Gesundheitspolitiker und Kassenvertreter rasch einig. Die Frage, wie die Patientenversorgung verbessert werden könnte, ohne dass einerseits die Kosten explodieren und andererseits die Budgets von Ärzten und Krankenkassen überfordert werden, führte zum Stichwort „Vernetzung". Die Zielstellung: individuelle Patientenführung und Vermeidung von Mehrfachuntersuchungen, überflüssigen Medikamentenverschreibungen und Krankenhausaufenthalten …

(Nach einem Zeitungsbericht)

Fremdwort	Bedeutung	Begründung des Gebrauchs	Fremdwort	Bedeutung	Begründung des Gebrauchs
Experte	Sachverständiger, Gutachter, Fachmann	aussagekräftiger als deutsche Entsprechungen	praktizieren	in der Praxis anwenden, in die Praxis umsetzen	kein deutsches Wort dafür vorhanden
Poliklinik	medizinische Einrichtung zur ambulanten Behandlung	fester Begriff, nicht durch einzelnes deutsches Wort ersetzbar	System	hier: einheitlich geordnetes Ganzes	nicht durch einzelnes deutsches Wort ersetzbar

Fremdwort	Bedeutung	Begründung des Gebrauchs	Fremdwort	Bedeutung	Begründung des Gebrauchs
Lawine	hier: übertragen für eine sehr große Menge, Flut	anschaulicher durch übertragenen Gebrauch	Apotheker	Fachmann, der Arzneimittel verkauft	fester Begriff, Berufsbezeichnung, nicht durch einzelnes deutsches Wort ersetzbar
Forum	öffentliche Diskussion	fester Begriff, nicht durch einzelnes deutsches Wort ersetzbar	Politiker	jemand, der ein politisches Amt inne hat	fester Begriff Personenbezeichnung, nicht durch einzelnes deutsches Wort ersetzbar
Techniker	Angehöriger eines technischen Berufs	kein deutsches Wort dafür vorhanden	Patient	vom Arzt behandelte oder betreute Person	fester Begriff Personenbezeichnung, nicht durch einzelnes deutsches Wort ersetzbar
Konferenz	Besprechung, Zusammenkunft von Experten	fester Begriff, nicht durch einzelnes deutsches Wort vollständig zu erfassen	explodieren	hier: übertragen für in die Höhe schnellen	anschaulicher durch übertragenen Gebrauch
Hotel	Übernachtungseinrichtung	kein deutsches Wort dafür vorhanden	Budget	einer Institution für einen bestimmten Zeitraum für einen bestimmten Zweck zur Verfügung stehendes Geld	fester Begriff in der Ökonomie und Politik, nicht durch einzelnes deutsches Wort ersetzbar
Variation	Abwechslung, Abänderung, Abwandlung	fremdes Wort evtl. wirkungsvoller	individuell	auf eine Einzelperson zugeschnitten	nicht durch einzelnes deutsches Wort ersetzbar
Mediziner	Arzt	übliches Synonym neben Arzt; in dieser Verbindung geläufig	Medikament	Arzneimittel	übliches Synonym neben Arzneimittel; in der Zusammensetzung evtl. einfacher

Aufgabe 14:

Wenn das Fremdwort den Sachverhalt eindeutiger, treffender, kürzer oder stilistisch wirkungsvoller benennt, dann ist es dem deutschen Wort vorzuziehen. Fremdwörter sollten aber nur verwendet werden, wenn ihre Bedeutung, ihre Aussprache und Schreibung sowie die Formenbildung bekannt sind. Nur aus „Angabe“ sollte man Fremdwörter nicht verwenden.

Aufgabe 15:

Beispiel	Weitschweifigkeit durch	Verbesserung
1. *Die Ausstellungsräume wurden erst im letzten Jahr neu renoviert.*	in *renovieren* ist Bedeutung „neu“ schon enthalten	Die Ausstellungsräume wurden erst im letzten Jahr renoviert.
2. *Wir sind in der Lage, Ihnen bei Ihrem Problem helfen zu können.*	*in der Lage* und Modalverb *können* drücken beide eine Möglichkeit aus	Wir sind in der Lage, Ihnen … zu helfen./Wir können Ihnen … helfen.
3. *Zu unserem Bedauern ist uns leider bei der Abrechnung ein Fehler unterlaufen.*	*zu unserem Bedauern* und *leider* bedeuten dasselbe	Zu unserem Bedauern/Leider ist uns bei der Abrechnung ein Fehler unterlaufen.
4. *Bei solchen Dingen muss man ein sensibles Feingefühl haben.*	*Feingefühl* bedeutet so viel wie *Sensibilität*	In solchen Dingen muss man ein Feingefühl haben/sensibel sein.
5. *Bereits in unserem letzten Schreiben hatten wir schon auf das Problem aufmerksam gemacht.*	*bereits* und *schon* bedeuten dasselbe	Bereits in unserem letzten Schreiben …/In unserem letzten Schreiben hatten wir schon …
6. *Wir weisen noch auf einige veröffentlichte Publikationen zu diesem Thema hin.*	*Publikationen* sind *Veröffentlichungen*	… auf einige Publikationen …/auf einige veröffentlichte Arbeiten …
7. *Hier fehlt lediglich nur noch ein abschließender Satz.*	*lediglich* und *nur noch* bedeuten dasselbe	Hier fehlt lediglich/nur noch ein abschließender Satz.
8. *Die Untersuchungen dürfen vermutlich abgeschlossen sein.*	Modalverb *dürfen* und *vermutlich* drücken beide eine Vermutung aus	Die Untersuchungen dürften abgeschlossen sein/sind vermutlich abgeschlossen.
9. *Die Gutachter hatten alles gründlich erwogen und bedacht.*	*erwägen* und *bedenken* bedeuten dasselbe	Die Gutachter hatten alles gründlich bedacht/erwogen.
10. *Wir werden Ihren Vorschlag dabei in Betracht ziehen und berücksichtigen.*	*in Betracht ziehen* und *berücksichtigen* bedeuten dasselbe	Wir werden Ihren Vorschlag dabei in Betracht ziehen/berücksichtigen.

Seite 100

5 Arbeit mit Nachschlagwerken

5.1 Zur Arbeit mit dem amtlichen Regelwerk der deutschen Rechtschreibung

Aufgabe 1:

Die Großbereiche der neuen Rechtschreibung

Bereiche	Paragrafen
A Laut-Buchstaben-Zuordnung und Fremdwortschreibung	§ 1 - § 32
B Getrennt- und Zusammenschreibung	§ 33 - § 39
C Schreibung mit Bindestrich	§ 40 - § 52
D Groß- und Kleinschreibung	§ 53 - § 66
E Zeichensetzung	§ 67 - § 106
F Worttrennung am Zeilenende	§ 107 - § 112

Seite 101

Aufgabe 2:

Grundsätzliche Regeln zur Groß- und Kleinschreibung siehe Lehrbuch, Abschnitt E, 1.3

1. angst, bange, gram, leid, pleite, schuld werden in Verbindung mit den Verben sein, bleiben, als Adjektive gebraucht und kleingeschrieben.
   Beispiele:
   Die Firma ist pleite. Sie ist schuld daran. Mir wird angst und bange.

2. Unfeste zusammengesetzte Verben schreibt man auch in getrennter Stellung klein.
   Beispiele:
   Sie gibt ihr Ziel nicht preis. (preisgeben)
   Es nimmt mich wunder, dass er schon da ist. (wundernehmen)

3. Adverbien, Präpositionen, Konjunktionen auf -s und -ens schreibt man klein.
   Beispiele:
   Sie kommt immer mittwochs. Er musste hungers sterben. Es gab seitens der Firma keine Einwände.

4. Substantive in der Funktion von Präpositionen werden kleingeschrieben.
   Beispiele:
   Sie kannte zeit ihres Lebens keine Sorgen. Er entschied kraft seines Amtes. Der Vertrag kam dank einer geschickten Verhandlung zustande.

5. Die folgenden unbestimmten Zahlwörter werden kleingeschrieben.
   Beispiele:
   Ich habe heute ein bisschen Zeit. Es waren nur ein paar Leute erschienen.
6. Bruchzahlen auf -tel und -stel schreibt man in folgenden Fällen klein:
   a) Ich kaufe ein viertel Kilogramm Wurst. (auch: ein Viertelkilogramm)
      Sie kam nach drei viertel Stunden. (auch: Dreiviertelstunden)
   b) Uhrzeitangaben unmittelbar vor Kardinalzahlen schreibt man klein.
      Es ist viertel acht. Sie kam gegen drei viertel neun.

Aufgabe 3:

individuelle Lösung

Aufgabe 4:

Literaturempfehlung

1. Die amtliche Regelung der deutschen Rechtschreibung § 56 (1) - § 56 (6)
2. Duden – Die deutsche Rechtschreibung, 24., völlig neu bearbeitete und erweiterte Auflage, K 8 - K 12

Der Dornstrauch
„Aber sage mir doch“, fragte die Weide den Dornstrauch, „warum du nach den Kleidern der vorübergehenden Menschen so begierig bist. Was willst du damit? Was können sie dir helfen.“ „Nichts.“, sagte der Dornstrauch. „Ich will sie ihm auch nicht nehmen. Ich will sie ihm nur zerreißen.“

Eine allgemeingültige moralische Wahrheit wird in verschlüsselter Form dargestellt. In der Fabel sollen die Menschen ihre eigenen Verhältnisse und Schwächen wiedererkennen.
Der Dornstrauch (Mensch) will anderen Menschen Schaden zufügen, ohne selbst einen Nutzen oder Vorteil davon zu haben.

Aufgabe 5:

Mögliche Ansatzpunkte zur Gliederung eines Kurzvortrages
- Überblick über die Großbereiche der neuen Rechtschreibung
- Gegenüberstellung alter und neuer Schreibweisen
  Wegfall vieler Ausnahmeregelungen und Besonderheiten
- Schwerpunkt: Groß- und Kleinschreibung, Getrennt- und Zusammenschreibung
  Beispiele dazu siehe Lehrbuch, Abschnitt E, 1.3 und 1.4

Empfehlung für den Referenten
- Demonstrieren Sie an selbstgewählten Beispielen das Auffinden von Rechtschreibregeln in einem Nachschlagewerk.
- Fordern Sie Ihre Mitschüler auf – eventuell in Gruppenarbeit – Aufgaben zu den einzelnen Regelbereichen zu lösen.
- Leiten Sie die Diskussion zur Lösung und Auswertung der von Ihnen gestellten Aufgaben.

5.2 Zur Arbeit mit dem Duden

Seite 102

Aufgabe 1:

I	= Silbentrennung	( )	= Erklärungen und Hinweise
.	= kurz betonte Silbe	[ ]	= Aussprachezeichen, Zusätze zur Erklärung
–	= lang betonte Silbe	K	= Richtlinien zur Rechtschreibung und Zeichensetzung
…	= Auslassungszeichen	< >	= Herkunft des Stichwortes

Aufgabe 2:

Fuß, Schluss, Maß, Masse, Riss, Reise, Hass, Motiv, Motel, Witwe, Motto

Liberale, Millionär, Mine, Tarif, Liter, Literat, Profil

Aufgabe 3:

Abschluss, Bonus, Controller, Crash, Dividende, Girokonto, Insider, Internet, Journal, Modul, Prokura, Vernissage, Verschlusssache, Zertifikat, Zoom

Aufgabe 4:

Abkürzung	Vollständige Schreibung	Bedeutung
Internet	Internationales Computernetzwerk	Informationen und Daten international speichern und lesbar machen
UNICEF	United Nations International Childrens Emergency Fund	Weltkinderhilfswerk der UNO
UNESCO	United Nations Educational, Scientific and Cultural Organisation	Organisation der Vereinten Nationen für Erziehung, Wissenschaft und Kultur
Abo	Abonnement	– Dauerbezug, von Zeitungen u. Ä. für einen bestimmten Zeitraum – geltende Abmachung zum Besuch kultureller Veranstaltungen
Motel	engl. aus: motorists hotel	an Autobahnen o. Ä. gelegenes Hotel für Autoreisende
Multimedia	Multi = vielen Funktionen gerecht werden Medium = Kommunikationsmittel	Zusammenwirken verschiedener Medientypen Medien = Trägersysteme zur Informationsvermittlung
Euro	von Europa	Europäische Währungseinheit

Aufgabe 5-7:

Die Lösung dieser Aufgaben lässt sich gut mit den Themen der Abschnitte Teil A, 1 und 2 sowie Teil C, 2,7 verbinden. Ohne inhaltliche Aspekte zu vernachlässigen, stehen formale und gestalterische Übungen im Vordergrund. Jeder Auszubildende sollte als Vorlage den Rechtschreib-Duden, 24. Auflage besitzen. Sehr hilfreich für Entscheidungen sind die Schreib- und Gestaltungsregeln DIN 5008:2005.

Empfehlung zur Einstimmung (Kurzreferate)

- Informationen zur Textverarbeitung, Maschinenschreiben und E-Mails im Rechtschreib-Duden, 24. Auflage (Überblick, S. 101-122)
- Aus der Geschichte der Norm DIN 5008 (Überblick)

Studium der Vorschriften, Problemdiskussion, Übungen:

- Unterschied zwischen **normativen** und **informativen** Regelungen
- Schreibweise von Datum und Uhrzeit
- Schreibung von ss/ß im deutschen und fremdsprachigen Satz
- Musteranschriften (Inland und Ausland)
- Gliederung von Nummern
- Vergleich eines traditionell geschriebenen Geschäftsbriefes mit einer E-Mail als Ersatz für einen Geschäftsbrief (Sprache, äußere Form)

Seite 103

Aufgabe 8:

Wichtige Abkürzungen mit Punkt

Voller Wortlaut

i. Allg.	Im Allgemeinen	o. Ä.	oder Ähnliches	ff.	folgende Seiten
v. J.	vorigen Jahres	lfd. Nr.	laufende Nummer	Gebr.	Gebrüder
e. K.	eingetragener Kaufmann	d. M.	des Monats	lt.	laut
vgl.	vergleiche	evtl.	eventuell	s. o.	siehe oben
u. E.	unseres Erachtens	Jg.	Jahrgang	Abt.	Abteilung
Jh.	Jahrhundert	i. V./I. V.	in Vertretung	MwSt./ Mw.-St.	Mehrwertsteuer
u.A.w.g.	um Antwort wird gebeten	i. A./I. A.	im Auftrag	zz./zzt. z. Zt.	zurzeit, zur Zeit

Wichtige Abkürzungen ohne Punkt

Voller Wortlaut

PLZ	Postleitzahl
DIN	Deutsches Institut für Normung/Deutsche Industrienorm
Co., Co	Companie
BGB	Bürgerliches Gesetzbuch
TÜV	Technischer Überwachungsverein
ADAC	Allgemeiner Deutscher Automobilclub
ISDN	Dienste integrierendes digitales Nachrichtennetz

Voller Wortlaut

IHK	Industrie- und Handelskammer
AG	Aktiengesellschaft
KG	Kommanditgesellschaft
StGB	Strafgesetzbuch
BfA	Bundesversicherungsanstalt für Angestellte
DGB	Deutscher Gewerkschaftsbund
DEKRA	Deutscher Kraftfahrzeug-Überwachungsverein

Voller Wortlaut

BLZ	Bankleitzahl
ZPO	Zivilprozessordnung
PIN	persönliche Geheimzahl für Geldautomaten
UNO	Organisation der Vereinten Nationen
NOK	Nationales Olympisches Komitee
GmbH	Gesellschaft mit beschränkter Haftung
GG	Grundgesetz

Aufgabe 9:

Abschnittsgliederung

1. Variante

Musikinstrumente

1 Streichinstrumente
1.1 Geige
1.2 Bratsche
1.3 Kontrabass
1.4 Cello

2 Saiteninstrumente
2.1 Gitarre
2.2 Harfe
2.3 Zither
2.4 Banjo

3 Blasinstrumente
3.1 Alphorn
3.2 Dudelsack
3.3 Klarinette
3.4 Oboe

4 Tasteninstrumente
4.1 Akkordeon
4.2 Klavier
4.3 Orgel
4.4 Cembalo

2. Variante

Musikinstrumente

I. Streichinstrumente
A. Geige
B. Bratsche
C. Kontrabass
D. Cello

3. Variante

I. Streichinstrumente
1. Geige
2. Bratsche
3. Kontrabass
4. Cello

Literaturempfehlung

1. Duden – Die deutsche Rechtschreibung, 24., völlig neu bearbeitete und erweiterte Auflage, K 1-5
2. Schreib- und Gestaltungsregeln für die Textverarbeitung DIN 5008:2005, Seite 21

Seite 104

Aufgabe 10:

Lösung des Kreuzworträtsels

Waagrecht		Senkrecht	
II	Kreuzberg	I	Brandenburger Tor
V	Spree	III	Tempelhof
6	Ale	IV	Schoenefeld
9	OA	1	Regie
10	Ulk	2	Zonen
12	Thais	3	Baal
13	NA	4	Run
14	Nähe (ae)	5	glauben
15	abriegeln	6	Ah
20	Uh	7	Last
21	Match	8	Ei
23	Nauen	11	kehr
24	BR	16	Bau
25	Po	17	Rur
26	Dur	18	Ente
27	Lerche	19	Neue
28	Meer	22	Aorta
30	Lt.	28	Mal
31	I.A.	29	ein
32	Chance	31	irren
33	Berlin	34	Ehe
36	Uhr	35	Iser
37	See	39	Zebu
38	Reede	40	Fest
41	Cuba	41	Cup
44	Leber	42	Unrat
46	es	43	Adele
48	UN	44	Lear
49	Diele	45	Ried
50	SI	47	sei
51	Reh	52	halb
54	Auster	53	Elen
57	Tiara	55	Saar
60	Aller	56	Rede
62	der	58	Ria
63	Lisa	59	Ast
64	Teer	61	Ern
65	Aar	65	ab
67	Rabat	66	RU
68	Bruder		

Aufgabe 10:

Lösung des Kreuzworträtsels

I	II	K	1 R	E	U	2 Z	3 B	E	4 R	5 G	■	■	III	6 A	7 L	8 E	IV
B	■	■	E	■	■	9 O	A	■	10 U	L	11 K	■	12 T	H	A	I	S
R	■	■	G	■	■	13 N	A	■	14 N	A	E	H	E	■	S	■	C
15 A	16	17 R	I	18 E	G	E	L	19 N	■	20 U	H	■	21 M	22 A	T	C	H
23 N	A	U	E	N	■	N	■	E	■	24 B	R	■	25 P	O	■	■	O
26 D	U	R	■	T	■	■	■	U	■	E	■	27 L	E	R	C	H	E
E	■	■	28 M	E	29 E	R	■	E	■	N	■	■	30 L	L	■	■	N
N	■	31 I	A	■	I							32 C	H	A	N	C	E
33 B	34 E	R	L	35 I	N							■	O	■	■	■	F
36 U	H	R	■	S	■							■	F	■	37 S	E	E
38 R	E	E	D	E	■							39 Z	■	40 F	■	■	L
G	■	N	■	R	■	41 C	42 U	B	43 A	■	44 L	E	B	E	45 R	■	D
46 E	47 S	■	■	■	■	48 U	N	■	49 D	I	E	B	■	50 S	I	■	■
51 R	E	52 H	■	V	S	P	R	53 E	E	■	54 A	U	55 S	T	E	56 R	■
57 T	I	A	58 R	59 A	■	■	60 A	L	L	61 E	R	■	A	■	62 D	E	R
O	■	63 L	I	S	A	■	64 T	E	E	R	■	65 A	A	66 R	■	D	■
67 R	A	B	A	T	■	■	■	N	■	N	■	68 B	R	U	D	E	R